'내 인생 노답인데?'

싶을 때 펼칠 책

박혜안

'내 인생 노답인데?' 싶을 때 펼칠 책

초판 1쇄 발행
2020년 06월 30일

지은이 박병기·박혜안
펴낸곳 거꾸로미디어
펴낸이 박병기
표지 및 편집디자인 컬러브디자인
인쇄 예원프린팅
출판등록 2017년 5월12일 제353-2017-000014호
연락처 031) 242-7442
홈페이지 http://microcollege.life / http://gugguro.com
전자우편 admin@ebpss.page / gugguro21@gmail.com
카카오톡 ID gugguro
ⓒ 거꾸로미디어

ISBN 979-11-961443-4-0

'내 인생 노답인데?'

싶을 때 펼칠 책

박혜안

거꾸로미디어

편집자의 말

솔직하게 말하겠다. 청년저자 박혜안 작가가 이 책을 쓰면서 처음 지었던 제목은 ['내 인생 X됐는데?' 싶을 때 읽을 책.] 이었다. 무슨 말인지 다 알 것이다. 박혜안 작가는 다소 부적절한 어휘를 사용하지 않아도 충분히 뜻을 어필할 수 있을 것 같아 제목을 변경하기로 했다고 말했다.

['내 인생 노답인데?' 싶을 때 펼칠 책]이라는 제목을 단 이유는 정말 간단하다. 우리는 이 책이 언제고 길을 잃고 힘이 들 때 펼칠 수 있는 책이 되기를 원하기 때문이다. 우리는 길다면 길고 짧다면 짧은 생을 늘 사회의 중심에 서서 살아왔다. 늘 뛰어났다는 게 아니라, 늘 사회의 핫 플레이스에서 바둥거렸다는 뜻이다.

박혜안 작가의 중학생 시기는 한참 자사고와 외국어 고등학교가 뜨거웠던 때였다고 했다. 그는 외국어 고등학교에 지원했었다. 그의 고등학생 시기에는 수시가 주목을 받았고, 자율전공학과라는 새로운 학부가 큰 화두로 올랐다. 그는 수시로 대학에 입학했고 자율전공학과에 들어갔다고 한다.

박혜안 작가의 대학생 시기에는 공무원 시험에 사람들이 엄청나게 몰렸고, 그는 그사이에 행정고시를 준비했다. 어떻게 보면 정말 아주 평균적이면서도 독특한 인생을 살아온 것이다. 다수가 선택하는 길을 한 번씩 선택하고 지나왔으면서도 모든 사람이 걸어온 길은 아니었으니까. 그는 핫한 곳에서 이리저리 휘둘리다 순간 생각했다.

'내 인생 진짜 노답인 것 같은데.'

왜 이렇게 살아야 하는지, 무엇을 해야 좋을지가 막막했었고 잘 하고 있는 게 맞는지 그는 늘 불안했다. 타인 앞에서는 그렇게 말한 적 없지만, 자기 자신을 가리키며 욕한 적도 정말 많았다.

그는 리더십 전문가인 박병기 박사의 eBPSS 철학을 연구하면서 이 글을 썼다. '인생이 노답처럼 느껴질 때' 그는 답을 찾으려고 했다. 원고를 탈고한 후 그는 말했다. "혹시나 나같은 사람이 있다면, 꼭. 꼭 이 책의 내용대로 해보세요'라고 권유하고 싶은 마음이 들었어요."

물론 이 책에서 계속 이야기한 것처럼, 독자가 이 책을 덮는 순간 책의 글자들이 기억에서 날아가 사라질 거라는 걸 저자들은 알고 있다. 저자와 독자 모두, 우리가 이 모든 걸 완벽하게 지키며 살 수 없을 거라는 걸 알고 있다. 지금은 '좋아! 이대로 시도하자!'라고 마음먹고 시작하지만 어느 순간 현생에 치여서 흐지부지 잊어버릴 수 있다는 걸 안다.

무엇을 할 수 없다고 생각이 들 때 이 책의 제목이 당신을 잡아주기를 원한다. 완전히 잊어버리고 살아가다 어느 날 또 어느 순간 '어? 나 지금 뭐 하고 있는 거지?'라고 생각한 그때, 또 펼쳐 보라고.

완벽한 건 세상에 존재하지 않는다. 완벽한 사회도 존재하지 않는다. 그러나 모든 변화가 한 번이 두 번이 될 때, 그리고 두 번이 세 번이 될 때 일어났다는 것은 안다. 당신의 삶 가운데 이 책이 하나의 가이드라인으로 언제나 당신을 잡아주기를 진심으로 바란다.

이 책의 근간이 되는 철학은 박병기 박사의 eBPSS 철학이다. 하지만 이 철학을 맛깔나게 이해하기 쉽게 만든 건 전적으로 박혜안 작가의 몫이다. 박병기 박사의 글을 토대로 청년작가 박혜안 작가가 자신의 세계관과 놀라운 어휘력으로 적어 내려간 것이다.

어휘의 변동이나 전개 방식의 차이가 존재할 수는 있을 것이다. 박혜안 작가는 그러나 "eBPSS 철학이 전하고자 하는 의도와 내용은 동일하다"라고 전했다.

이 책의 내용을 좀 더 마음 깊이 두며 한 번이 두 번이 되게, 두 번이 세 번이 되게, 세 번이 네 번이 되게 하고 싶은가. 그러면 이 책의 후반부에 100여페이지 분량으로 들어가 있는 미래저널을 작성해보라. 계속 써 내려가다 보면 변화가 조금씩 감지될 것이다.

이 책을 쓴 목적은 결국엔 미래저널을 마음 열어 꾸준히 써보자는 걸 나누고자 하는 것이다. 쓰다가 말다 쓰다가 말다 할 것이다. 그럴 때는 공동체의 도움이 필요하다. https://band.us/@mj1000 을 방문해서 공동체의 힘을 빌리기를 바란다.

또한, eBPSS 철학에 대해 좀 더 학술적인 접근을 하려는 독자는 http://gugguro.com, http://gugguro.news, http://microcollege.life 를 접속해서 관련 정보를 얻기를 바란다.

당신의 인생은 노답이라고 생각하는가.

이 책을 꼭 정독해보기를 바란다. 3번쯤 읽어야 무슨 말인지 알 수 있다.

- 거꾸로미디어연구소

Contents

질문

정말 네 이야기가 아니야?

학력은 높아졌지만 상식은 부족해졌고
지식은 많아졌지만 판단력은 모자라졌다.
전문가들은 늘어났지만 문제는 더 많아졌고
약은 많아졌지만 건강은 더 나빠졌다.
…
생활비를 버는 법은 배웠지만 어떻게 살 것인가는
잊어버렸고
인생을 사는 시간은 늘었지만 시간 속에 삶의 의미
를 넣는 법은 상실했다.
외계를 정복했는지 모르지만
우리 안의 세계는 잃어버렸다.
공기 정화기는 갖고 있지만
영혼은 더 오염되었고
원자는 쪼갤 수 있지만
편견을 부수지는 못한다.

-제프 딕슨 '우리 시대의 역설'

세상이 각박해지고 무서워졌다는 말을 자주 듣는다. 지독한 자본주의의 굴레 속에서 사람들은 방어적인 태도를 보이게 되었고, 점차 서로의 진심을 의심하게 되었다. 빠르게 변하는 사회 속에서 혼자 뒤처지는 것 같은 기분이 들 때면 우리는 애써 그 기분을 무시한다. 의식하면 할수록 자신의 미래가 한 치 앞도 보이지 않는 어둠과 같아 보이기 때문이다.

그러나 안타깝게도 사회는 더 빨라질 것이다. 내가 미처 준비하기도 전에 비인간과 나를 비교하여 나의 가치를 물어볼 것이고, 더 긴 삶을 쥐어줄 것이다. 분명히 지금보다 더 극심한 경쟁과 변화가 물밀 듯이 밀려올 것이다. 그리고 사람들은 더욱 제프 딕슨의 시와 비슷해질 것이다. 마치 그게 정해진 운명인 것처럼…. 우리의 고민은 여기에서부터 시작했다.

'어떻게 이 굴레를 벗어날 수 있을까.'

인간은 고대부터 유구하게 미래를 동경하며 두려워했다. 마야의 달력을 통한 예언이나 점성학 등이 이러한 점을 잘 보여준다. 미래는 늘 예기치 못한 재앙과 같아서, 인간은 시대가 바뀔 때마다 매번 새로운 위기를 맞이해야 했다.

그 위기는 때로는 자연이었고, 때로는 절대자를 내세운 종교였으며, 또 때로는 새로운 기계였다. 그리고 현재, 4차 산업혁명 시대라는 또 새로운 시대를 앞에 두고 있는 우리는 '존재의 무력함'이라는 위기를 앞에 두고 있다.

시대가 바뀔 때마다 사람들은 '종말'과 같은 단어를 사용하며 현재 그들에게 닥친 위기의 심각성을 외쳤으나 감히 말하건대, 곧 우리가 마주할 '존재의 무력함'이라는 위기만큼 커다란 전환은 없을 것이다. 왜냐하면, 존재의 무력함이라는 위기는 지구를 지배하고 있는 인류라는 하나의 종의 존재의의와 관련된 것이기 때문이다. 앞으로의 사회가 낙관론자가 보는 것처럼 바뀌든, 비판론자가 보는 것처럼 바뀌든, 한 가지는 명확하다.

지금까지 '인간'을 수식하고 설명하던 가치에 굉장히 큰 전환이 일어날 것이라는 점.

우리는 이러한 것을 '파괴적 혁신Disruptive Innovation'이라고 부른다.[1] 그런데 당신은 여기서 궁금해질 수 있다.

'그래서 그게 뭐? 그건 하나의 가능성에 지나지 않아. 나랑은 상관없는 이야기야.'

---

[1] 파괴적 혁신이란 '단순하고 저렴한 제품이나 서비스로 시장의 밑바닥을 공략한 후 빠르게 시장 전체를 장악하는 방식의 혁신'을 말한다. 세계적 경제학자인 미국의 크리스텐슨 교수가 창시한 용어다.

나도 그렇게 생각했다. 그건 정말 나랑은 정말 관련 없는 이야기라고…. 사회가 아무리 빠르게 바뀌어도 그걸 나라는 '개인'이 느낄 수준이 되기 위해서는 꽤 오랜 시간이 걸릴 것이며, 설령 그렇다 해도 나는 그 변화를 어렵지 않게 따라잡을 수 있을 거라고….

그런데 아니었다.

취업 준비를 하려 보니 나는 시대가 원하는 만큼의 스펙을 갖추기에는 모자란 사람이었다. 더 재밌는 것은 하나를 준비하고 나면 그걸 준비한 사이에 새로운 것이 또 등장했다. 그리고 그렇게 해서 들어간 커리어의 수명은 기껏해야 20년도 채 되지 않는다.

회사를 다니면 다니는 대로 반복되는 삶의 의미를 찾을 수 없어서 끊임없이 내가 무엇을 하고 있나 생각했고, 회사를 다니지 않을 때는 휴식에 집중할 수 없었다. 그냥 왜인지 불안했기 때문이다. 정말 이상했다. 행복하기 위해 달려왔는데 어디에도 내가 바라던 행복은 찾을 수 없었다. 친구들과 함께 놀 때, 택배를 받을 때 느끼는 짧은 행복으로는 기묘한 비어버림을 채울 수 없었다.

생각했던 것보다 변화도 빨랐다. 정신을 차려보니 패스트푸드점에서 종업원을 보는 것보다 키오스크를 사용하는 게 더 자연스러워졌고, 배달 집을 모아둔 종이책은 이미 분리수거함에 버린 지 오래였다. 내가 모르는 말들이나 장비들이 빠르게 늘어나고, 사회를 관통하는 사상이 정말 순식간에 변해가는 그 가운데에서 나는 처음으로 변화의 속도를 느꼈다.

위에서 말한 건 불안을 조장하기 위해 과장한 것도 아니고, 현실과 동떨어진 어떤 막연한 상상도 아니다. 나는 당신과 나, 우리의 이야기를 하고 있다. 그렇다면 당신은 내게 물을 수 있다.

'그래서 대체 어쩌라는 말입니까? 그런 상태를 벗어날 그 방법이 대체 뭡니까?'

눈앞에 닥친 위기를 이길 방법으로 우리(거꾸로미디어연구소)가 고안한 것은 간단하다. 1) 바람직한 세계관을 가지고 2) 시대를 해석하는 능력을 갖추며 3) Why(왜)라는 질문에 정확하고 실질적인 답을 하고 4) 구체적인 계획을 세우며 함께 하고자 하는 사람들을 모으는 것.

교과서에 나올 것처럼 뻔한 말이지만 사실이다. 그리고 당신도 알고 있는 유명한 말이 있지 않은가.

'교과서 위주로 공부했습니다.'

본래 진리는 복잡하지 않다. 그리고 가장 쉬워 보이는 것이 가장 어려운 것이다. 삼시 세끼 영양소를 골고루 챙겨 먹고 적절히 운동하며 하루에 8시간 이상 자면 건강하다는 걸 알면서도 하지 못하는 대다수의 우리처럼…. 앞으로의 내용에서 우리는, 꼭 챙겨 먹어야 하는 영양소가 무엇인지, 어떤 운동법이 좋은지를 알려주려고 한다. 물론 그 어려운 것을 끝까지 할 수 있도록 지탱해 주는 애프터 서비스까지 진행할 예정이다.

Chapter 1

큰 그림 BIG PICTURE

내 인생의 '진짜_최종수정_이게진짜끝_docx' 파일

비닐하우스 출신의 딸기를 먹으며
생각한다 왜 백미터 늦게 달리기는 없을까
만약 느티나무가 출발한다면
출발선에서 슬슬 뿌리를 내리고 서 있다가
한 오백년 뒤 저의 푸른 그림자로
아예 골인 지점을 지워버릴 것이다

-이완규 '속도' 중

eBPSS 마이크로칼리지에 대한 이야기로 시작하려고 한다. 마이크로칼리지의 BPSS는 Big Picture, Spiritual Intelligence, Servant Leadership의 약어이다. 여기서 우리는 마이크로칼리지의 실체는 무엇인지 궁금해한다. 그 이야기는 추후에 나누기로 하고 일단 여기서는 마이크로칼리지에서 말하는 BPSS가 무엇인지를 나누도록 하겠다. 때로는 그런 방식이 우리의 이해를 높인다. 여기서 우리에게 필요한 것은 '결국에는 나에게 좋은 곳으로 이끌어줄 거야'라는 '신뢰'다. 신뢰하며 나아가보자. 우리가 가장 먼저 살펴볼 것은 BPSS의 가장 앞에 있는 Big Picture 즉, 큰 그림이다.

큰 그림이라는 말이 현재는 웹상에서의 밈으로 더 유명해졌으나, 사실 이 말은 영어 관용어다. 다른 사람이 한눈에 보기 어려운 큰 그림을 그리는 것처럼 앞을 내다보는 선견지명을 가지라는 뜻과 같다.

우리가 말하고자 하는 큰 그림은 이와 비슷하면서도 다르다. 큰 그림은 다른 말로 '프레임'이라고도 표현할 수 있다. 다시 말하자면 새로운 문화와 상황에 부딪힐 때 세상을 바라보며 판단하고 결정하게 하는 '시각'이다. 다음은 류제훈 박사가 설명하는 프레임이다.

전통적으로 사람들은 인지과학적으로 자신들의 프레임을 기준으로 생각하고 판단하기 때문에, 어떤 진실이 사람에게 받아들여지기 위해서는 그 진실이 그 사람이 가지고 있던 프레임에 부합해야만 한다. 프레임은 어떤 사건을 이해하고 일정 영역에 접근하는 데 도움을 주기 때문에, 좋은 프레임은 당면한 문제의 본질이 무엇인지 그걸 어떻게 해결해야 할지 쉽게 이해시켜준다.

프레임이란 생각의 큰 틀이다. 레포트를 작성할 때 개요를 가지고 정보를 찾을 때와 그저 정보를 찾을 때가 다른 것처럼 우리의 인식 역시 마찬가지다. 그렇다면 여기에서 당신은 다시 질문할 수 있다.

'그래서 그게 가치관이랑 뭐가 다른 거야? 결국 내 가치관을 만들라는 소리잖아.'

맞다. 가치관을 형성하는 것. 그러나 우리가 여기에서 다시 짚고 가야 하는 단어가 바로 '프레임'이다. 프레임은 '액자'다. 찍힌 사진을 어떠한 용도로 어떻게 배치할 것인지를 결정하는 액자. 그 말은 액자는 굉장히 다양할 수 있다는 것을 뜻하기도 한다. 세상에 단 한 가지 모양만의 액자만을 고집하는 사람은 극히 드물 것이고, 일반적으로는 본인의 개인 취향이나 상황에 따라 적절한 액자를 고르기 때문이다.

지금은 직접적인 액자를 예시로 들어 설명했으나, 우리 인식에서의 프레임도 마찬가지다. 액자를 단 한 가지 종류만 고집하지 않듯이 우리는 이미 나와 있는 여러 가지 큰 그림들 가운데 새로운 시대나 상황에 알맞다고 여겨지는 프레임을 선택할 수 있어야 한다. 또는 자신에게 알맞다고 선택하는 프레임을 고르는 것에 그치지 않고 자신만의 큰 그림을 그려낼 수 있어야 한다.

이번 챕터의 가장 처음에 쓴 시를 다시 떠올려 보자. 시인은 각자의 속도가 모두 다르다고 생각한다. 그는 현재 우리에게 주어진 일반적인 생각에 의문점을 가진다. 시인에게는 이미 정해진 달리기의 골인 지점은 중요하지 않다. 느티나무는 느티나무대로, 본인의 속도와 큰 그림에 맞추어 기어이 골인 지점을 지워버리는 새로운 시점과 가치를 창출해낼 것이기 때문이다.

우리 역시 그래야 한다. 특히나 사회가 급격하게 빠른 변화를 추구하는 현대사회에서 큰 그림은 '기준'이라는 매우 중요한 성질을 지니고 있다. 기준이라는 것은 게임에서는 지도에 표시되어있는 일종의 세이브 포인트이며, 여행에서는 나침반과 베이스캠프의 역할을 한다. 다시 가치관의 이야기와 지금의 이야기를 종합해보면 지금까지의 이야기를 더욱 명확하게 이해할 수 있다. 궁극적으로 큰 그림을 그려야 하는 이유는 간단하다.

앞으로의 인간에게는 아무리 주변이 요동치고 달라져도 변화에 휩쓸리지 않도록 잡아주는 것이 필요하기 때문이다.

큰 그림이 한 번 정해지면 '완성'으로 생각하는데 그렇지 않다. 만들어낸 큰 그림은 일종의 '최종_진짜최종_진심_마지막수정_docx'같은 파일이다. 영원성을 띠지는 않는다는 소리다. 사람이 가치관이 새로운 경험을 하고 다른 사람의 가치관을 통해 바뀔 수 있는 것처럼, 큰 그림 역시 마찬가지다. 존 맥스웰은 이렇게 말했다.

큰 그림Big Picture의 선봉자들은 자신의 세계에서 벗어난 다른 세계가 있다는 것을 인정합니다. 그리고 또 자신만의 세계에서 벗어나 또 다른 세계로 들어가고 싶어하죠.

여기까지 이야기를 들었다면, 당신은 물어야 한다. '그 말은 직전의 단락에서 한 말과 모순되잖아요!'라고. 왜냐하면, 지금 한 말은 뿌리 깊게 박혀 있어야 하는 기준점마저 변할 수 있다는 것이기 때문이다. 변하는 기준점이라니! 그것만큼이나 믿음직하지 못한 게 어디 있나. 그러나 재미있게도 그 질문은 큰 그림이 '무엇으로' 만들어지는지를 듣고 나면 해결될 문제이다.

큰 그림을 만들기 위한 재료는 단 하나이다.

" 가치 "

다양한 변화에서 당신을 잡아줄 것은 당신이 해당하는 것에 부여할 가치이다. 가치, 다른 말로는 의미를 부여하는 행동은 우리가 생각하는 것보다 훨씬 강하다. 혹시 가지고 있는 물건에 이름을 붙여준 기억이 있다면 그 물건을 한 번 기억해보아라. 아마 이름을 붙이지 않은 많은 물건보다는 훨씬 또렷하게 해당 물건의 이미지나, 해당 물건과 있던 일화들이 떠오를 것이다. 혹시 김춘수의 '꽃'이라는 유명한 시를 알고 있는가?

'내가 그의 이름을 불러주기 전에는

그는 다만 하나의 몸짓에 지나지 않았다.

내가 그의 이름을 불러주었을 때

그는 나에게로 와서 꽃이 되었다.'

- 꽃, 김춘수

바로 이것이다. 이름을 붙여주었다는 건 그 물건에 일종의 의미를 부여한 것과 같다. 그리고 그 의미가 부여된 순간 당신이 이름을 준 그 물건은 무수히 많은 동일 상품 가운데 유일성을 가지게 된다. 그게 어렸을 적 처음 친구가 되었던 인형이든, 애써 돈을 모아서 산 전자기기이든, 또는 잡화든.

큰 그림을 이루고 있는 것은 그런 것이다. 우리는 모든 행동에 동일한 가치만을 내세우지는 않는다. 어떤 행동에는 정의라는 가치를 담을 때도 있고, 어떤 행동에는 성장이라는 가치를 담을 때도 있다. 각각 크기가 다른 액자에 그에 맞는 가치를 부여하듯, 큰 그림을 그린다는 것은 작게는 내가 맡게 된 프로젝트를 하는 이유부터, 크게는 이 일의 본질 또는 내가 살아가는 이유까지 기준이 될 가치를 넣어주는 것이다. 지난 프로젝트에 내가 부여한 가치와 이번 프로젝트에 부여한 가치가 다르다고 해서 '나'를 잃는 것은 아니지 않나.

그리고 나의 삶을 관통하는 가치가 변한다고 해도 뿌리 깊게 박혀 있는 기준점이 흔들려 무너질 리는 없다. 왜냐하면, 그건 '최종_진짜최종_진심_마지막수정_docx' 파일이 '최종_진짜최종_진심_마지막수정_이게진짜마지막_docx'으로 갱신된 것에 불과하니까. 본인이 부여한 이전의 가치는 어떠한 형태로든 당신에게 남아 더욱 업그레이드된 큰 그림을 남길 것이다. 해당 내용은 Chapter3에서 더 자세하게 나눌 수 있을 것이다.

'좋아, 큰 그림의 핵심은 가치를 부여한다는 거지? 당장이라도 할 수 있겠군! 나도 나의 큰 그림을 만들 수 있겠어!'

지금 이렇게 생각하면서 메모장과 펜을 찾고 있었다면 잠시 기다려줬으면 좋겠다. 큰 그림을 구성하는 것에 핵심이 '가치 부여하기'인 것은 맞지만, 진정하고 위에서 이야기한 것을 떠올려 보자. 류제훈 박사는 프레임을 '시각'이라고도 표현했다.

이번 프로젝트를 하는 이유: A대리 코를 납작하게 눌러주고 내 이미지를 높이려고.
넣을 가치: 직무적 성장 (힘내자, 나 자신!)

이렇게 가치를 부여해봤자 당면한 문제의 본질이 무엇인지, 그걸 어떻게 해결해야 하고 무엇을 준비하는 게 맞는지를 알 수 없다는 것이다. 무엇이든 무에서 유를 창조해내는 것만큼 어려운 게 없다. 잘 생각하면, 기독교의 신은 무에서 유를 창조하고는 마지막 날 휴식시간까지 가졌다. 무려 쉼 따위는 필요도 없을 만큼 완벽한 '신'이!

이처럼 자신의 큰 그림을 그리는 것에 가장 좋은 연습은 누군가 이미 만들어 놓았던 기존의 프레임을 받아들이고 그것을 연습해보는 것이다. 나의 것을 끙끙거리면서 만든 뒤 남의 세계를 보는 게 아니라, 우선 남의 세계와 방법을 맛본 뒤, 좋은 것들을 추려 나의 것을 구성해보는 것이다.

이렇게까지 말해놓고 '앗, 그럼 다른 사람이 만든 기존의 프레임은 알아서 잘 찾아보시길! 수고하세요^^'라고 하는 건 무책임한 자라고 생각한다. 그래서 책 팔이가 아니라 진짜 도움이 되기 위해 우리는 우선 우리(거꾸로미디어연구소)가 그려놓은 큰 그림에 동참하자고 당신에게 요청할 것이다. 거꾸로미디어연구소에서 깊고 넓게 그린 eBPSS는 그래서 뭐냐고? 그건 Chapter2에서 설명하도록 하겠다.

Chapter 2

나와 데이트를 하는 법

제 몸에서 nn년을 함께 산 김모씨를 찾습니다

당신조차도 당신을 모르잖아요.
그런데 왜 그렇게 자신을 괴롭히고
힘들게 하는 건가요?

최근 들어 서점에 자기 에세이와 같은 글들이 참 많아졌다.

행복해지는 연습을 해요.
죽고 싶지만 떡볶이는 먹고 싶어.
앨리스, 너만의 길을 그려봐.

지친 우리를 위로하고 행복한 삶을 격려하며, 그간 터부시되었던 것들을 그럴 필요 없다고 알려주는 글들이다. 각자의 언어로 담담하게 각자의 인생에 찬사를 보내는 글들을 보며 누군가는 울고, 누군가는 위안을 받으며 또 누군가는 안심한다. 그럼 우리는 한 번 생각해봐야 한다.

'나는 왜 행복하지 않을까? 왜 하루하루를 보내고 시간이 흘러감에 따라 자꾸만 공허하다고 느끼고 때로는 나 자신에게 화를 내게 될까?'

사회나 지위 상황이 나를 그렇게 내몰아서? 그럴 수 있다. 사회적 요인들이 개인에게 끼치는 요인을 부정하고 싶은 생각도 없고, 그래서도 안 된다. 사회는 개인이 어떠한 행동을 하는 것에 아주 큰 영향을 끼치기 때문이다. 그러나 하나는 짚고 넘어가고 싶다.

'나는 왜 최선을 다하고 있는가.'

중요하니까 다시 한번 말하겠다. 나는 최선을 다하고 있는지를 점검하라는 게 아니라, 내가 '왜' 최선을 다해 달리는지를 생각해보라는 뜻이다. 뇌과학자이자 임상심리전문가인 허지원 교수는 저서 [나도 아직 나를 모른다]에서 이렇게 말한다.

노력하면 그것으로 충분하고, 충분하다는 인식을 가져야 한다. 지나친 고통을 버티고 자신의 마음을 부수면서까지 애를 쓸 필요는 없다.

그녀는 사람들은 노력하는 것과 애를 쓰는 것을 구분할 필요가 있다고 보았다. 이를 구분하지 않을 때, 사람들은 노력의 수준을 넘어 이상하고 기괴한 선택을 하는 경우가 있다는 것이다. 예를 들어, 다른 사람을 비방해 깎아내리거나, 타인에게 인정받기 위해 하면 안 되는 일을 하는 등의 일 말이다.

극단적인 예시일 수 있지만, 생각보다 우리 주변에는 그런 일이 자주 일어나고 있다. 공모전에 낸 신인 작가의 글을 기성 작가나 모종의 제작사가 교묘하게 핵심 소재만을 뽑아내는 경우도, 더 많은 '좋아요'나 '조회수'를 받기 위해 자극적인 제목과 컨텐츠를 만드는 것도 위와 같은 맥락에서 이어진다고 볼 수 있다. 그녀는 이러한 것은 노력의 범위를 넘어서 '기괴한 나의 욕망'을 채우기 위해 애를 쓰고 있는 지점이라고 표현한다.

[수치심 권하는 사회]의 저자인 브레네 브라운은 여기에서 한발 더 나아가 말한다. 취약하다는 것vulnerability은 약점weakness이 아니며, 도리어 창의성과 변화 그리고 혁신이 취약점에서 탄생한다고 말이다.

그녀는 본인의 저서에서 사회적으로 정해진 기준, 그녀의 말로는 '수치심 거미줄' 속에서 사람들은 그 기준을 맞추지 못하는 자신들을 탓하게 되었다고 한다. 여기에서 우리는 수치심과 죄책감의 차이를 알아야 하는데, 수치심은 초점이 자신에게 맞추어져 있는 것과 다르게 죄책감은 행위에 초점이 맞추어져 있다. '나는 나빠'라고 말하는 것은 수치심에 속하고 '나는 나쁜 행동을 했어'는 죄책감에 속하는 것이다. 그녀는 전자의 경우가 불안과 섭식장애, 우울 등 여러 가지 정신적 질환과 크게 연관이 되어 있다고 보았다. 허지원 교수와 브레네 브라운이 동일하게 하는 말이 무엇인지 아는가?

'당신조차도 당신을 모르잖아요. 그런데 왜 그렇게 자신을 괴롭히고 힘들게 하는 건가요?'

그렇다. 가만히 들여다보면 우리는 우리를 너무 모른다. 정확하게는 알려고 하지 않는다. 그러나 그러면서도 나를 비난하고 손가락질하는 대상을 자세히 들여다보면, 그 대상의 99%는 다른 누구도 아닌 '나 자신'이다.

이해한다. 우리는 사실 나 자신을 알아야 한다는 말을 너무 피상적으로만 배웠다. 그래서 진짜로 그러한 작업을 진지하게 할 필요성을 크게 느끼지 못했다. 또는 그렇게 나에게 집중을 하기에는 당장의 현실을 살아가는 것이 벅찼다. 아침에 일어나 사람들이 가득 찬 대중교통을 타고 일을 한 후, 돌아와서는 집안일을 하고 탈진을 하는 나날들.

날아오는 공과금과 통장을 스치는 돈.

그렇게 알게 모르게 비어버린 자신의 내면이 결국 우리를 공허하게 만들고 나를 미워하게 했으며, 심하게는 탈진이 오도록 만들었다. 잘 생각해보자. 비어버린 내 내면을 '나' 대신 채우고 있는 게 누구인지. 아마 높은 확률로 자신이 속한 어딘가의 대표성이, 혹은 그 안에서 인정받는 성취가 '나'를 대신해 당신의 정체성이 되어 있을 것이다.

하지만 여기에서 한 가지 알아야 할 것이 있다. 당신이 그렇게 기준을 맞추려고 노력하고, 그 기준을 잣대로 자신을 손가락질했던 것들의 대부분은 곧 아무런 의미가 없어질 확률이 높다. '기술'이 그렇게 만들고 있기 때문이다.

이렇게 변하는 사회를 보고 있자면, 생각보다 충격적인 사실을 역설적으로 깨닫게 된다. 그건 바로 '인간이 절대 대단한 존재가 아니라는 점'이다. 인간이 가진 많은 가능성과 지금까지 이뤄왔던 것을 부정하는 것이 아니다. 다만 세상에 일어나는 많은 것들이 생각보다 우연과 상황의 영향을 받았다는 것과, 자신의 노력과 힘이었다고 생각한 것의 상당수가 '운'이라고 불리는 상황에 좌우되었다는 것을 말하고 싶은 것이다. 그러니 자신을 제대로 알려고 하지도 않으면서 환상 속에만 존재하는 '대단히 크고 위대한 무언가를 이루기 위해 태어난 나'를 판단의 기준으로 두지 말아라. 내가 지향하는 것과 지금의 나는 분리할 수 있어야 하고, 그 두 가지를 모두 받아들일 때 진정한 '나'를 만날 수 있기 때문이다.

그 첫 단계가 무엇인지 아는가? 바로 하루에 단 10분이라도 나와 데이트를 하는 것이다. 참 재미있는 사실은 우리 몸은 자신을 고찰하는 것이 수월할 수 있도록 이미 설계가 되어 있다는 점이다. 다름 아닌 실존 지능으로 불리는 9번째 지능Spiritual Intelligence이다.

9번째 지능은 하버드대 교수인 하워드 가드너의 다중지능 이론에서 나온 것이다. 원래는 8개의 지능이 있는데 여기에 하나 더 보태어져 9번째 지능이라는 이름을 갖게 되었다. 의미나 가치의 문제를 다루고 해결할 때 인간이 사용하는 하나의 잠재력이라고 볼 수 있는데, 다중지능을 말한 하워드 가드너와 후학들은 우리 자신에게 근본적인 질문을 던질 때 9번째 지능이 향상될 수도 있는 것으로 보았다.

김진호 박사에 의하면 9번째 지능의 구성요소는 세부적으로 따지면 실존, 초월, 의미, 관계, 내면, 의식 이렇게 총 6가지로 볼 수 있다고 한다. 어쩐지 복잡해 보이지만, 특이한 것은 아니다. 아마 설명을 보면 각각 떼어서는 여러 강의 같은 곳에서 많이 본 내용일 수도 있다.

그래도 아래에서는 자신과 데이트를 할 수 있는 직접적인 방법을 말하기 전, 짤막하게 각 구성요소에 대한 설명을 덧붙이려고 한다. 한 몸으로 산지 nn년 이지만 사실상 초면에 더 가까운 사람을 만나는 건데, 당신을 도와줄 지능의 구성을 알아보는 건 나쁘지 않은 일일 테니 말이다. 김진호 박사와 9번째 지능을 연구한 연구가들이 정의한 6가지 지능을 중심으로 박병기 박사가 9번째 지능을 설명했는데 이를 보다 친근한 언어로 살펴보기로 한다.

(1) 실존

실존지능은 '개인의 자아, 형이상학적 문제 등을 깊이 있게 분석하고 통찰하는 정신적 능력'을 의미한다. 정리하자면 현상이나 상황을 명확하게 파악하고 자신의 생각을 체계적으로 잘 정리하는 능력이라고 볼 수 있다. 실존은 본질을 추구하고 궁금해하는 성찰과 밀접하게 관련이 있는데, 이걸 잘 정리한 사람 중 한 명이 데카르트이다.

데카르트는 <성찰>에서 '나는 내가 사유하는 동안만 존재한다'고 말하지 않았나. 죽음 뒤에는 어떤 일이 벌어질지, 아니, 과연 죽음이라는 것은 무엇인지, 나는 누구인지와 같은 대상의 핵심을 고민하는 것이 실존에 해당한다고 볼 수 있는 것이다.

나는 이걸 실생활에 끌고 들어올 때 '멍 때리기'라고 좀 더 쉽게 바라본다. 우리에게는 일상생활에서 듣게 되는 사건이나 다양한 일, 오늘의 나 자신을 멍하니 고민하고 여러 번 되풀이해 질문을 던져보는 순간 당신은 9번째 지능중 실존지능을 왕성하게 사용하는 것일 수 있다.

(2) 의미

의미지능은 개인의 가치와 목적을 '인식'하는 정신적인 능력을 뜻한다. 이러한 의미지능이 높은 사람들은 삶의 목적과 방향을 '인식'하고 있다. 인식은 의식적으로 떠올리는 것에 가까운데, 이렇게 했을 경우 높은 성취동기가 생기는 것을 확인할 수 있다. 방향성이 정해진 일을 진행하는 것은 이미 장바구니에 집어넣은 쇼핑리스트를 결제하는 것만큼이나 쉬운 일이니까.

실존지능과 의미지능은 비슷하면서도 다르다. 실존은 상황이나 현상의 본질을 질문하고 보려는 것이라면, 의미는 당신이 '부여'하는 것에 가깝다.

왜 공부를 하는지, 왜 사는지, 왜 그게 좋은지 등의 질문을 계속 던지고 답을 하다 보면 어느 순간 작은 일에도 자연스럽게 의미를 찾을 수 있게 된다. 그리고 의미를 찾아 '부여'하는 것이 자연스러워진다면 처음 말했던 것처럼 프레임을 짜는 것에도 도움이 될 것이다.

(3) 초월

알버트 아인슈타인은 말했다.

'정확한 1초는 없다. 지구에서의 1초가 우주에서의 1초를 의미하지는 않는다. 1초란 늘 일정한 것이 아니라 자기 자신(관찰자)이 어디에 있느냐에 따라 그 길이가 달라진다.'

왜 이 이야기를 하느냐면, 초월이라는 것이 이러한 시간과 관련이 있기 때문이다. 초월은 일종의 몰입과도 같다. 내가 좋아하는 일을 잠시 하고 일어났을 뿐인데 정신을 차려보니 하루가 다 가 있는 현상을 한 번쯤 경험해본 적이 있을 것이다. 피터 버거는 이에 대해 <현대사회와 신>에서 '초월의 몸짓'이라는 표현을 사용했는데, 그는 인간이 놀이를 하는 중의 시간은 현실의 시간과 다르게 돌아간다고 이야기한다. 마치 아이슈타인이 제시한 것처럼.

피터 버거Peter Berger는 이를 계속 설명하면서 인간은 '즐거운 놀이'를 통해 시간의 이동을 경험하면서 죽음에 이르는 현실을 조금이라도 연장하거나 잠시 잊어버리게 된다고 말했다. 그가 놀이에 대해 내린 결론은 간단했다. 놀이라는 건 단순히 스트레스를 풀고 남은 시간을 메우는 것이 아니라 초월적인 경험을 위한 인간 내면의 본성에서 나온 행위라는 것이다.

이처럼 인간에게는 고차원적 정신세계를 추구하고 상상하는 능력이 있다. 동물처럼 단순히 내가 서 있는 현실에서 밥을 먹고 비를 피하는 것이 아닌, 세상에 존재하지 않는 마법 학교가 있는 세계를 상상한다든지, 레고 블록을 조립하여 또 다른 세계관 자체를 창조한다던지 하는 그런 능력 말이다. 만약 누군가가 당신에게 '또 의미없는 딴 생각하냐?'라고 시비를 걸하면 자신 있게 9번째 지능 높이기 훈련 중이라고 답해도 좋다.

(4) 관계

관계지능은 자신과 타인 그리고 모든 존재와의 조화로운 관계를 추구하려는 능력이다. 관계능력이 좋으면 사람은 내가 아닌 사람과, 동물, 자연 등과 좋은 관계를 유지하려고 하고, 좋은 관계를 유지하기 위해 필요한 것이 무엇인지 살핀다.

여기에서 관계란 서로 간의 영향력에 대해 생각하는 것을 뜻한다. 단순히 사람과 사람뿐 아니라 자연과 나, 동물과 나 역시 해당이 된다. 내가 저 사람에게 미치는 영향, 저 사람이 나에게 미치는 영향, 그리고 자연과 내가 나누는 영향을 가볍게 넘기지 않는다는 것이다. 관계지능은 나를 둘러싼 모든 대상을 나와 연결하는 것에 큰 도움을 줄 수 있다.

(5) 내면

자신의 내면에 집중하고, 그 안에 존재하는 자원을 활용하는 능력이 내면 지능이다. 내면지능이 높으면 어려운 상황에 평정심을 유지하고 긍정적인 생각으로 어려움에 도전할 용기가 생길 수 있다. 사회학적으로 봤을 때 긍정, 희망, 절제, 인내, 기쁨 등이 내면에 존재하는 자원이라고 볼 수 있다.

혹시 나쁜 생각은 곱씹을수록 불어난다는 말을 들어본 적이 있는가? 단순히 어딘가에 떠도는 말이 아니라 정식으로 심리학자들이 내린 결론 중의 하나이다. 부정적인 감정이나 상태를 무시하고 외면하라는 뜻이 아니다. 자신이 가진 우울, 괴로움, 슬픔 등을 충분히 겪는 것 또한 인간에게는 매우 중요하다. 앞서 취약점이 바로 창조와 혁신, 변화의 탄생지라고 했던 것처럼 말이다. 그러나 브레네 브라운은 마지막에 '수치심 회복 탄력성'을 말한다.

우울이나 부정적인 감정을 지나치게 기피 하는 것 역시 바람직하지 않지만, 동시에 그러한 감정에만 머물러 있는 것 또한 바람직하지 않다. 따라서 나의 내면과 상태에 집중하고 이러한 자원을 어떻게 해야 잘 사용할 수 있을지 연습을 하는 것은 중요하다. 특히나 변화가 극심해지는 현대사회 속에서는 이 내면지능이 점점 중요해질 것이다.

(6) 의식

의식지능은 현재 자신의 상황과 외적 상황을 자각하고 높은 차원에서 자신을 내려다 보듯이 인식하는 것을 도와준다. 의식지능이 높은 사람들은, 다시 말하자면 종합과 분석을 잘하기 때문에 여러 상황에도 침착성을 가지고 또 보이는 것에 집중하는 능력이 강하다.

본인의 상태를 한 발자국 뒤에서 바라본다는 것은 굉장히 도움이 되는 일이기 때문에, 의식지능은 그 자체로도 사람에게 안정감을 주지만, 다른 지능과 연관되었을 때 의식 지능은 더욱 빛을 발한다. 예를 들어, 의식지능은 내면지능을 도와줄 수도 있다. 펜실베니아 대학의 마틴 셀리그만 심리학 교수(임남희, 2006)는 이렇게 말한다.

일반적으로 우리의 관심은 부정성 편향에 기울여져 있습니다. 우리 뇌의 일부는 걱정을 하도록 만들어져 있고 부정적인 일들에 집중하게 합니다. 의식적으로라도 감사한 일과 그 이유를 작성하는 과정을 통해 우리는 우리의 관심을 긍정적인 쪽으로 환기할 수 있습니다.

실제로 그가 진행한 실험에 의하면, 셀리그만 교수는 실험 참가자들에게 매일 3가지 감사를 11주 동안 쓰게 했는데, 참가자들 대부분이 우울 증세가 급격히 감소했다고 발표했다.

여기까지가 9번째 지능의 총 6가지 요소다. 여타 동물에게도 존재할 가능성이 있을지 모르겠으나, 현재까지 밝혀진 바에 의하면 지구에 존재하는 다양한 생명체들 가운데 특이하게도 인간은 정신적인 무언가를 고뇌하고 추구했다. 단순히 눈앞에 보이는 현상을 확인하는 것이 아니라, 초월적인 상상을 통해 종교를 만들기도 하고, 새로운 세계관을 창조하기도 하며, 새로운 언어체계를 구상해내기도 했다. 조금 더 가깝게는 상대의 말이나 행동, 삶에 일종의 '의미'를 찾아내고 '가치'를 부여했다.

위에서 말했던 것처럼 우리에게는 다른 무엇도 아닌 '나'에게 집중할 시간이 절실하게 필요하다. 큰 걸 요구하고 싶지는 않다. 유발 하라리는 꽤 오랜 시간을 명상으로 보낸다고 하는데, 누가 좋은 걸 몰라서 하지 않고 있겠나. 그럴 여유가 없어서 못 하는 거지.

다만 아주 짧은 시간이라도 지금까지는 '아휴, 이렇게 쓸데없이 사색해서 뭐하나.'라고 생각했던 것을 시작해야만 한다고 말하는 것이다. 가끔은 나는 오늘 어떤 사람인지를 고민하고, 때로는 내 안의 다양한 감정들과 생각을 활용해 눈앞의 현실을 분석하고 고민하는 것. 그리고 그 방법은 조금 귀찮을 수 있지만, 매일 몇 가지 질문에 답을 하는 것으로 충분하다. 다음 장에서는 그 질문에 대한 설명을 간단하게 하려고 한다.

Chapter 3

미래저널

김네모 일일_보고서_hwp

크고 빠르게 변하려고 하지마라
하루에 하나씩 작은 것부터 바꿔 나가라
그것만이 변화하는 유일한 방법이다.
그렇게 해야 지속할 수 있다.

-로버트 마우어, [아주 작은 반복의 힘]

저널링은 앞서 '나와 하는 데이트'라고 적었으나, 그 비유를 들어 계속 설명하기에는 지나치게 감성적일 것 같다. 누구도 소외시키고 싶지 않은 마음을 담아, 이것을 매일 같이 작성해야 하는 보고서라고 가정하고 설명을 할까 한다.

당신에게는 이제부터 총 10분의 시간이 주어진다. 물론 이건 최소 시간이고 원한다면 얼마든지 더 사용해도 된다. 끓어 넘치는 혼을 주체할 수 없어서 노래로 만들어야겠다면 적극적으로 응원할 준비는 되어 있다. 여하간, 당신이 당신에 대한 일일 보고서를 만드는 시간은 하루에 단 10분으로 충분하다.

보고서에 들어가야 하는 내용은 다음과 같다.

1) 날짜
2) 나는 누구인가?
3) 사람, 동물, 식물, 미생물, 자연, 현상에 내가 고마움을 느낀 점
4) 오늘 세상에 선한 영향을 준 사람은?
5) 오늘 내가 몰입한 놀이가 있다면?
6) 오늘의 '왜'라는 질문에 떠오른 답이 있다면?
7) 오늘 화가 났던 일이 있다면 가장 화났던 일은?

당신은 오늘 하루, 당신이라는 보고서 작성 대상자를 곰곰이 떠올려 보아야 한다. 순서는 중요하지 않다.

1. 나는 누구인가?

이름을 묻는 게 아니다. 이건 나에 대한 총평이다. 다양하게 자신에 대한 생각을 적어주는 것이다. 이렇게 자신을 정의하는 과정은 정말 매우 중요하다. 생각해보면 나는 자신에 대한 평가를 늘 타인에게 미뤘고, 타인의 기준으로 나를 보았다.

유의할 점은 타인은 그 사람이 존재하는 상황과 기준으로 나를 본다는 점이다. 선생님이 나를 볼 때의 기준은 학생으로서의 기준일 것이고, 회사의 동료가 보는 나와 상사가 보는 나는 다른 사람일 것이다. 나는 정말 다양한 사람들의 평가 하나에 나를 자책하기도 하고 몰아치기도 한다. 그게 무수히 많고 다른 가치들을 기준 삼아 나온 평가인 것을 간과하고 말이다.

이제는 타인이 아니라 내가 나를 정의할 순간이 되었다. 처음에는 어려울 수 있다. 너무 막연해서, 또는 너무 오그라들어서 '이게 뭐야!'하고 웃을 수 있다. 그럼 처음에는 정말 쉽게 자신을 돌아봐도 괜찮다. '정말 먹성 좋았던 나; 하루 7끼는 좀 심했다~' 그러다 익숙해지면 조금씩 자신을 보는 시간을 늘려 좀 더 깊게 자신을 정의해보는 것이다. 철학적으로 말하면 실존적인 자아를 찾게 되는 것이다.

이 항목의 궁극적인 목표이자 의도는 그동안 '쌓아온 나'를 되짚을 수 있다는 점이다. 그건 어떤 특정 일에서의 '나'일 수도 있지만, 동시에 하나의 시간선 속에서의 나의 의미를 찾는 경험이기도 하다. 조금 더 쉽게 보자면, 나는 가끔 자기 자신을 하나의 도서관으로 표현하고는 한다.

내가 7살 때 썼던 글은 당시의 내가 중요하게 생각했던 가치관을 고스란히 드러내고 있고, 16살 때 쓴 소설책은 10대의 날 것 그대로의 감정이 담겨있다. 그 모든 기록은 결국 '나'를 이루는 무언가이다.

기록은 남는다. 처음에는 가벼운 오늘 하루의 나를 정의하는 것이 종래에는 나의 인생을 통틀어 하나의 선 안에서 자신을 정의할 수 있도록 당신을 도울 것이다. 그게, 곧 당신의 정체성이자 나침반이 될 것이라 생각한다.

2. 사람, 동물, 식물, 미생물,
자연, 현상에 내가 고마움을 느낀 점

어렸을 적에 혹시 학교에서 감사 일기를 적어본 적이 있나? 비슷하다고 생각하면 된다. 진부해 보이지만 시도해 보아라. 그렇지 않아도 '그지같고' 짜증 나는 사회인데, 생각보다 의식적으로 좋은 점을 떠올리다 보면 또 그렇게까지 '그지같지'만은 않다는 걸 알 수 있을 것이다. 대상이 꼭 인간일 필요는 없다. 내가 쓰는 고마움에는 매번 우리 집 강아지에 대한 고마움이 큰 비중을 차지한다. 어쩌겠나, 반려동물은 건강하게 잘 존재하는 것만으로도 고마운데. 혹시 본인이 쓰고 있는 로봇 청소기가 고맙다면 로봇 청소기에게 고마움을 전해도 좋다. 또 아는가? 미래에는 집에 있는 AI에게 고마움을 표하게 될지.

기본적으로 감사 3개 쓰기를 기준으로 삼고 있으나, 절대적인 것은 아니다. 도무지 하나라도 떠올리기 힘들다면 하나부터 조금씩 늘려가도 좋다. 이 과정에서 가장 중요한 것은 무의미하게 하루를 퉁치고 날려 버려버리지 않는 것이다.

3. 오늘 세상에 선한 영향을 준 사람은?

선하다는 것은 단순히 '좋다'는 단어보다 그 상대방의 의도를 더 포함하는 경우가 많다. 그게 작은 호의라 하더라도 타인을 위해서 초콜릿을 준비한 친구, 함께 우산을 나눠쓰자고 제안한 낯선 이 등등. 그래서 여기에서 선한 영향을 준 사람들은 단순히 좋은 결과를 내어준 것보다 더 광범위한 사람을 포함한다.

혹시 '시간을 같이 보내는 사람과 닮아 간다.'는 이야기를 들어본 적이 있나? 뛰어난 사람이 되고 싶으면 뛰어난 사람들과 어울리라는 말은?

사람들이 그렇게 말을 하는 이유는 단순히 긍정적인 암시 때문만이 아니다. 피터 바잘게느는 우리의 뇌에 '거울 신경'이라는 신경 시스템

이 존재한다고 말한다. 우리는 생각보다 많이, 그리고 매일같이 타인을 모방한다. 그러니 시간을 많이 보내는 사람들의 습관, 행동, 태도 등이 닮아가는 것이다. 사랑하면 닮는다는 이야기도 마찬가지다. 사랑하는 만큼 상대의 많은 부분을 관찰하고 따라 하다 보니 저절로 서로가 같아지는 것이다.

그러나 어떻게 매번 내가 닮고 싶은 부분에 맞추어 그런 사람들과 어울리고 함께할 수 있겠나. 하늘에서 뚝 떨어지는 것도 아닐 텐데.

그래서 우리는 '거울 신경'의 대상을 '모든' 사람으로 잡기로 했다. 내 주위의 사람들, 내 곁을 지나가는 행인, 오늘 잠깐 만났다가 헤어진 거래처 직원 등등. 세상에 해악만 끼칠 것 같은 사람도 의외의 부분에서는 선한 행동을 할 때가 있다. 한 번 '월리를 찾아라'를 할 때처럼 고개를 들고 주위를 살펴보아라.

의식적으로 다른 사람이 한 선한 부분을 알아내다 보면, 단순히 '우와' 하는 순간의 따뜻함 뿐 아니라 어느 순간 그렇게 되어있는 자신의 모습을 볼 수 있을 것이다.

혹시나 정말, 정말 주위에 한 명도 그런 사람이 없다면, 미디어의 도움을 받는 것도 하나의 방법이다. 유튜브에서 시청한 유튜버나, 티비 프로그램에서 발견한 점이 있다면 해당 내용이라도 적어보자. 그래도 자신이 없다고? 우리에는 검색이라는 쉬운 수단이 있다. 구글에 '선한 영향력'이라고 검색을 해 보면 세상에 선한 영향력을 미치는 사람이 아주 많다는 것을 알 수 있다.

4. 오늘 내가 몰입한 놀이가 있다면?

위에서 존재 지능을 이야기하며, 우리는 '초월'이라는 개념을 가볍게 소개한 적이 있다. 이 놀이는 그 초월의 부분에 해당하는 부분 중 하나이다. 꼭 자기 혼자 해야 하는 자기계발이나, 심오한 무언가가 아니어도 좋다. 시간 가는 줄 모르고 한 게 있다면 그게 당신이 즐거워하는 '놀이'가 되는 것이다.

이에 대해 좀 더 덧붙이자면, '논문 놀이'라는 것이 있을 만큼 '놀이'의 개념은 크다. 영화를 보며 영화의 내용에 빠져 시간 가는 줄 몰랐다면, 그것 역시도 일종의 초월적인 경험의 놀이에 속한다. 스포츠도 마찬가지다. 내가 현실의 나로부터 유리되어 해당 행동에만 온전하게 집중하게 된다면 그 모든 것이 하나의 '놀이'가 된다. 그러니 내 오늘 하루가 다람쥐 챗바퀴 같다고 좌절하지 말자. 가족과 한 시간이든, 친구들과 보낸 시간이든 당신이 몰입하고 집중한 것이 있다면 그게 무엇이건 적어보자. 가장 추천하는 것은 타인과 함께 몰입하는 것이다.

이 몰입한 놀이를 적다보면 생각보다 놀라운 점을 깨달을 수 있다. 바로 매번 집중력이 꽝이라고 생각했던 내가 놀랍게도 생각보다 '몰입'

이라는 것을 쉽게 한다는 사실 말이다.

5. 오늘의 '왜'에 답이 떠오른 게 있다면?

나는 왜 사는지, 오늘 왜 최선을 다했는지, 왜 그 일을 했는지. '왜'는 이유를 찾는 것이고 의미를 찾는 것이다. 글의 많은 부분에서 나는 가치의 중요성을 강조했다. 그 시작이 여기이다. 처음부터 꼭 적어야 하는 건 아니다. 오늘은 생각하지 않았을 수 있다. 그러나 자세히 하루를, 또는 그날을 반추하다 보면 '어?' 하는 생각과 함께 '맞아. 나 이래서 이렇게 안달이 났었구나.' 같이 Why에 대한 답이 나올 때가 있다.

알았으면 되었지, 왜 적어야 하냐고? 생각보다 그 생각은 빠르게 지워지고, 다시 떠올리려고 보면 그때의 감정과 그때의 느낌들이 잘 생각나지 않기 때문이다. 글자는 생각보다 많은 것을 말한다. 글자 속에 순간적으로 반짝였던 시간을 담아 보아라. 눈에 보이지 않는 시간이라는 것을 유일하게 잡을 수 있는 방법이다. 또한, 비슷한 시기가 다가왔을 때 해당 부분을 다시 찾아보면, 같은 실수를 저질러 혼자 삽질을 하는 것을 방지할 수도 있다! 기록을 해두자.

예를 들어, 오늘 내가 헤어진 전 남친 또는 여친에게 '잘 지내니…?'라고 연락을 한 이유를 깨달았다고 해보자. 당신이 이 항목에 '그 사람이 너무 좋았다기보다는 그 사람을 사랑했던 과거의 반짝이던 나에 대한 아쉬움과 그리움 때문'이라고 적어두었다면, 다음에 비슷한 상황이 왔을 때 그런 자신을 참고할 수 있다.

6. 오늘 화가 났던 일이 있다면 가장 화났던 일은?

누누이 말하지만, 나의 부정적인 감정을 모른척하지 않는 것은 중요하다. 정말 정말 중요하다. 그리고 그 생각이 떠올랐을 때 탄력적으로 회복하는 '회복 탄력성'을 키우는 것 역시 당신에게 매우 중요한 일이다. 부정적인 감정을 제대로 인지하고 그것을 충실하게 거쳐가는 것은 중요한 일이지만, 그렇다고 계속해서 그 부정적인 감정과 상황에 머무는 것 또한 건강한 것은 아니기 때문이다.

그 첫 단계가 화가 났던 나를 객관적으로 인지해보는 과정이다. 어쩌면….

'적어서 더 화가 나는 거 아니야?'라고 생각할 수 있으나, 감정을 언어화하다 보면 생각보다 뿌연 안개같이 광범위하게 퍼졌던 분노라는 감정이 생각보다 간결한 하나의 실체가 되기도 한다. 그리고 그런 나를 있는 그대로 받아들이는 것이야말로, 다른 누구도 아닌 '내'가 '나'를 공감하는 첫 단추이다. 생각 외로 많은 사람이 가장 효과를 보는 항목 중 하나이다!

첫 시작부터 지금까지 나는 나를 알아가는 이 미래저널-일일 보고서를 아주 많이 강조했다. 해야 하는 이유를 설명하고자 했고, 하면 좋은 점을 나열하고자 했다. 그런데 무수히 많은 페이지를 소모했지만, 진짜 진짜 진짜 하고 싶은 말은 단 하나다.

'당신이 당신을 사랑할 수 있었으면 좋겠어.'

하루에도 몇십, 몇백 개씩 쏟아지는 기사 가운데 내가 개인적으로 좋아하는 칼럼이 있는데, 바로 남형도 기자의 체험리즘이라는 칼럼 기사이다. 체험리즘은 체험과 저널리즘을 합친 단어이다. 기자는 수습기자 당시 휠체어를 타고 서울 시내를 다닌 적이 있었는데, 그때 비로소 앞에 펼쳐진 불편한 세상을 느끼고는 이러한 기사를 작성하게 되었다고 한다. 자신이 직접 체험해 깨닫고 쓴 기사라는 뜻이다. 그리고 그 가운에 2020년 1월, 그가 쓴 기사가 하나 있다. 기사의 제목은 다음과 같다.

"너란 녀석, 좀 멋있어."…'셀프 칭찬'을 해 보았다.[2]

남형도 기자는 12월의 마지막 날, 아내의 화장대 거울을 닦다가 두 가지를 깨달았다. 그가 생각보다 거울을 자주 보지 않았다는 것과 거울 속 자신의 모습이 생각보다 무표정하다는 것. 그래서 그는 막연히 행복해지기 위해 노트를 펼쳤고, 자신이 잘한 점을 칭찬하기 시작했다.

---

2) 남형도. ""너란 녀석, 좀 멋있어."…'셀프 칭찬'을 해보았다." 머니투데이, 2020.01.11.

엄청 대단한 것을 칭찬한 것도 아니다. 그가 노트에 쓴 것들은 '콩나물 시루 같은 만원 지하철을 견디고 출근' 등 우리가 일상생활 속에 매일 매일 했던 것들이다. 그렇게 그는 살면서 처음으로 의식적으로 매일 매일 자신을 칭찬했다. 그는 이러한 것을 다 적으면서 생각보다 막상 적고 나니 흡족함을 느꼈다고 한다. 생각보다 자신이 자신에게 들이 대는 잣대가 엄격했음을 알았고, 생각보다 이 작은 행동에 마음이 풍족해짐을 느꼈다고 한다.

남형도 기자는 단순히 자신의 하루를 돌아보고 스스로 잘한 점을 찾아내는 것만으로도 충분히 그 가치를 느꼈다. 때문에, 나는 더욱 확신을 가지고 당신에게 제안할 것이다. 같이 이 '미래저널-김네모_일일_보고서'를 써 보자고. 매일매일 의식적으로 자신을 만나려는 아주 작은 마음 하나가 정말 당신에게 큰 도움이 될 수 있을 거라고.

그리고 이러한 것을 혼자하는 것이 어려운 사람들을 위해, 또는 혼자 하는 것에 익숙해져 더 새로운 것을 보고 싶은 사람들을 위해 다음 챕터를 준비했다.

Chapter 4.

세상에 손을 내밀다

나의 행복을 완성해주는 이는

북부는 나의 탄생을 보았다

내가 나의 길을 찾았던 그 땅에서

나는 고야와 캉탱 드 라 투르를 존경했고

얀 다비드 데 헤엠을 습작했으며

로댕을 관찰했고

모네를 탐구했으며

세잔을 보았고

고갱을 관상했으며

피카소와 대화를 나눴다

이들과 함께 마침내 나는

마티스가 되었다

-마티스가 되다

Devenir Matisse,
Matisse Museum le Cateau- Cambresis

이전 챕터까지의 내용은 모두 '나'와 관련된 이야기다. '나'의 큰 그림을 그리고 '나'를 찾는 과정을 소개하며, '나'와 어떻게 하면 좋은 관계를 맺을 수 있는지를 소개했다. 그 이유는 '나'는 이 세상에 둘도 없이 소중한 사람이기 때문이고, 또한 '나'를 사랑하지 않고서는 절대적으로 여유가 나올 수 없기 때문이다.

그러나 이번 챕터부터는 그 시야를 좀 더 넓힐까 한다. '나'에서 벗어나 '너'와 '우리'로, 그리고 더 나아가서는 '사회와 세계'로. 여기의 내용이 담고 있는 내용은 우리가 어떻게 해야 타인에게 도움을 줄 수 있을지, 그리고 어떻게 해야 사회와 세계에 도움이 될 수 있을지를 고민한 결과들이다. 처음 이것을 고민할 때 내가 가장 많이 생각한 건 다음과 같았다.

'왜? 왜 내가 이런 것까지 생각해야 하지? 어차피 세상은 나 없이도 잘 돌아갈 텐데, 내가 무슨 대-단한 정의와 대의를 펼치면 펼친다고. 그냥 내 삶에서 소소하게 행복함을 찾으면서 적당한 돈으로 적당히 살면 안 돼?'

아마 당신도 이런 생각을 할지 모른다. 생각보다 많은 일에서 내가 좋은 의도를 가지고 한 일들은 쉽게 묻히고, 어떠한 관심도 받지 않기 때문이다. 그뿐이면 다행이지. 심지어는 나쁜 짓을 한 사람들이 더 잘 나가는 경우가 허다하다. (심지어 그 사람들은 나와는 다르게 그들을 대변해

주는 '실더 Shielder[3]'들도 있다!)

그런 상황에서 어쩌면 우리가 하는 이 고민은 너무나도 이상주의적이고 낙관주의적이며 탁상놀음처럼 보일 수 있다. 특히나 지금 현실에서 구를 만큼 구르고 있는 이들이라면 더욱더.

그런데 그렇게 생각하고 있던 내가 간과하고 있는 것이 하나 있었다. 세상은 좋든 싫든 나에게 영향을 끼칠 것이라는 점이다. 내가 행동한다고 세상이 드라마틱하게 바뀌는 것도 아니지만, 적어도 내가 손을 내민다면 내 주변의 사람들은 '내가 손을 내민 적이 있다'는 사실 정도는 인지한다. 그리고 그게 더해지고 더해지다 보면, '아, 걔? 걔는 ~한 애야.'라는 것이 당연한 지경이 될 수 있다.

재밌는 것은 그렇게 되면 내 주위에는 나와 비슷한 사람들이 점차 늘어날 것이라는 점이다. 우리는 그렇게 서로와 비슷한 이들을 공동체로 삼게 되고, 그들과 연대를 하게 될 것이고 더욱 재밌는 점은 세상이 그렇게 바뀌었다는 점이다.

우리는 이제 '나'를 위해 타인을 배려하고 사회를 살펴야 한다. 모두가 고통받고 있는 사회 구조 속에서는 나 혼자만 행복해진다고 해서 결

---

3) 실더(Shielder)는 '실드를 치는 사람'으로 누군가를 대신해 상황 설명이나 변명 등을 하는 이를 말한다.

코 온전하게 행복해질 수 없다. 생각보다 우리는 아주 유기적으로 얽힌 사회 속에 살고 있다.

가벼운 예로 당신에게 존엄사(자발적 안락사)에 대해 찬성하느냐고 물어보겠다. 누구는 생명의 중요성을 들어 반대할 수도 있고, 누구는 인간의 자유성을 들어 찬성할 수도 있다. 그러나 이러한 가치들로 무언가를 친행할 수 없는 이유는, 나의 결정이 타인에게는 불행일 수 있기 때문이다.

내가 강하게 반대를 해 존엄사가 불가능해졌다면, 누군가는 끊임없는 질병의 고통 속에서도 편안해지지 못하고 삶을 이어나가야 할 수도 있다. 반대로 내가 강하게 찬성을 해 존엄사가 자유화되었다면 나이가 많이 들거나 사회적 약자들이 주위의 강압에 못 이겨 자발적으로 존엄사를 택하는, 사회적 타살이 생길 가능성도 있다.

이처럼 '나'는 타인의 행동에 영향을 받게 되고 또 나의 행동이 타인에게 영향을 주는 사회 속에 있다. 특별히 사람은 착하게 살아야 한다거나 그게 도덕적으로 옳은 것이니까 타인을 위해 고민하라는 말이 아니다. 그래야만(선한 영향력을 고민해야만) 서로가 행복하고 여유로워져야만 우리가 그토록 바라는 온전한 '행복'이 가능하다.

그렇다면, 이제는 현재 나를 둘러싼 사회를 한 번 바라보자. 최근 우리를 둘러싼 사회를 몇 가지 단어로 표현하자면 아마도 변화, 상처, 혐오, 새로운 세상, 각자의 목소리 등등이 있을 것이다. 21세기의 2020년, 우리 사회는 정말 유례가 없을 정도로 빠르게 변하고 있다. 위에서는 기술적인 빠른 변화를 말했지만, 여기에서 하고자 하는 건 기술의 변화가 아니다. 인식의 변화와 기술의 변화에 영향을 받은 우리의 환경의 변화를 말하는 것이다.

우선 환경의 변화를 먼저 말해보자. 기술의 발달이 불러온 네트워크 세상은 내가 펼칠 수 있는 영향력의 범위를 무한정으로 넓혔다. '아~ 너무 당연한 말을 하네'라고 생각할지 모르지만, 생각보다 우리는 그 당연한 것이 일으키는 결과를 매일 간과하고 있다.

얼마전 안타까운 일이 일어났다. 연예인 두 명이 우리의 곁을 떠난 것이다. 나는 기억도 하지 못하는 가벼운 말이 누군가에게 직접적으로 영향을 끼친 것이다. 어쩌면 그건 그 사람이 연예인이니까, 특수한 사람에게만 적용되는 상황이 아니냐고 할지도 모르겠지만, 아니다. 생각보다 네트워크를 이용한 영향력은 나와 내 주변인, 그리고 평범한 우리들에게도 펼쳐져 있다. 직장 내 자살 사건, 스토킹, 데이트 폭력, 단톡방 내 성희롱, 유튜버 또는 라이브 스트리밍 내 악플, SNS상에서 이뤄지는 '조리돌림[4)]'…. 과거와 달라진 네트워크 환경 속에서 우리의 행적은 피드를 비롯한 모든 디바이스에 기록이 남고, 내가 하는 말 하나가 공간과 시간을 넘어 전혀 모르는 타인에게 닿을 수 있다.

---

4) 조리돌림이란 인터넷 공간에서 다수가 한 사람을 괴롭히는 행위를 뜻한다.

위에서는 안 좋은 점만을 나열했지만, 반대의 경우도 당연하지만 존재한다. 미국 텍사스주에 사는 20살 여성인 디아 라토라는 영국에 사는 17세 아이다 잭슨과 랜선친구[5]였다. 언제나처럼 오디오로 채팅을 하며 게임을 즐기던 도중이었다. 잭슨이 갑작스럽게 비명을 지른 뒤 대화가 끊긴 것이다. 그가 위급한 상황이라는 것을 직감했지만, 라토라는 그가 사는 지역 말고는 아는 것이 없었다. 그러던 도중 유럽연합 EU 긴급구조 번호를 떠올린 그녀는 바로 잭슨의 상황을 알렸고 다행스럽게도 그 신고 덕분에 경찰차와 구급차가 도착할 수 있었다.

아이다 잭슨의 부모는 인터뷰에서 'TV를 보다가 경찰차를 보고 나서야 상황을 알았다'면서 연락처도 없이 멀리 떨어진 사람에게 도움을 받을 수 있었다는 게 놀라웠다고 전했다.

> 'Hi, erm… I'm calling from the US. I'm currently on a call with
> my friend, he had a seizure and he's not responding anymore.
> 안녕하세요, 어, 저는 지금 미국에서 전화하고 있고요, 어 지금 친구와 전
> 화를 하고 있었는데, 발작을 하고는 그 이후로 답이 없어요.'
> – 디아 라토라가 긴급구조 번호로 한 연락의 일부

물론 위의 상황은 디아 라토라의 빠른 판단과 신속한 유럽연합의 긴급구조가 바탕이 된 특이한 사건일 수 있다. 하지만, 환경의 변화로

---

5) 랜선친구란 인터넷 공간 안에서 만난 친구를 뜻한다. 기사출처: 이혜진, 2020.

디아 라토라가 물리적으로는 8,050km 나 떨어진 공간을 넘어서 잭슨에게 영향을 끼쳤다는 사실은 부인할 수 없다.

이뿐이 아니다. 우리는 일상생활에서 이러한 환경의 변화로 인해 많은 도움을 얻는다. 카카오톡의 오픈 채팅과 같은 경우는 서로를 전혀 모르지만, 익명의 아이디를 통해 그룹톡을 만들 수 있다. 그리고 생각보다 많은 사람이 이 기능을 통해 취업 스터디, 영어 공부방, 다이어트방 등에서 도움을 얻고 있다. 유튜브에서 최근 유행했던 'Study with me' 또한 마찬가지다. 라이브 방송을 통해 화면을 공유하며 함께 공부를 하고, 채팅을 통해 동기부여를 받는다. 트위터에서 이루어지는 행아웃, 정보 공유를 위해 만들어진 다양한 카페, 독자들이 리뷰를 위해 만든 커뮤니티….

우리는 빠르게 바뀐 환경 속에서 그 어느 때보다 더 강력하고 넓게 타인에게 영향력을 행사하고 있다. 그리고 이러한 환경의 변화를 바탕으로 과거 어느 때보다도 인식의 변화 역시 빠르게 진행되고 있다. 그리고 인식이 빠르게 변화한다는 것은 동시에 현대 사회에는 엄청나게 다양한 '인식'이 존재한다는 것과 같다.

2019년 일본의 수출 규제의 사건이 일어난 이후 우리나라에서는 크게 불매운동이 진행하였다. 단순히 수출 규제에 부당함을 느꼈기 때문에 진행된 일이 아니라 오래되지 않은 과거로부터 이어진 의지의 표명에 더 가깝다. 그러나 똑같이 불매를 진행하더라도, 각자가 가진 일본에 대한 인식은 다양해졌다. 불매의 품목, 불매의 시기, 일본의 태도에 대한 생각 등등 정말 다양한 인식이 전국에 퍼졌다.

위의 일을 꺼낸 것은 해당 사건에 어떠한 가치판단을 하고자 함이 아니다. 포인트는 앞으로는 같은 상황이 더 다양하고 더 광범위하며 더 중요한 문제에서 펼쳐질 것이라는 점이다. 정치, 경제, 젠더, 복지 등 모든 분야에 걸쳐 우리는 개인마다 다른 인식을 만날 것이고, 그건 더 세분화되면 되었지 줄어들지 않을 것이다.

문제는 다분화된 인식들과는 달리 커뮤니케이션의 단계는 낮아졌다는 점이다. 현재 우리의 의사소통의 많은 부분은 텍스트와 오디오로 이루어지고 있다. 그러나 커뮤니케이션 단계에서 메시지가 차지하는 비중은 상당히 낮다. 서로 대면간의 커뮤니케이션이 줄어들어 상대방이 의도하는 정보를 얻어내는 것이 어려워진 것과 달리, 더욱 다양해진 각자의 기준과 인식은 다양한 불화를 일으킬 수 있다.

따라서 우리는 현재의 공동체 안에서 사람과 사람을 연결할 수 있는 관계에 대해 더 자세하고 명확하게 알고 있어야 한다고 판단했다. 적어도 eBPSS 마이크로칼리지에서는 그렇다. 그건 타인을 향한 태도가 어때야 하는지 명확하게 알고 있다면, 위에서 일어나는 일들의 많은 부분을 미리 예방할 수 있기 때문이며, 동시에 그게 세상을 나은 방향으로 세계를 변화시킬 수 있는 방법이라고 생각하기 때문이다. 그 타인을 향한 태도를 다음에서 소개하고자 한다.

Chapter 5.

파트너 링커십 Partner Linkership
너와 나의 연결고리

우리가 살아가야 할 이유를 알게 되고
자신이 무의미하고 소모적인 존재가 아니라
무언가 도움이 될 수도 있는 존재임을
깨닫게 되는 것은
다른 사람들과 더불어 살아가면서
사랑을 느낄 때인 것 같다.

-빈센트 반 고흐 [영혼의 편지]

파트너 링커십 Partner Linkership

우리는 앞으로 타인을 대하는 태도에 관한 것을 '파트너 링커십'이라고 표현하기로 했다. 두 번째 장과 다소 반복되는 부분도 있을지 모르지만 이에 대해 조금 더 설명을 해보고자 한다.

우선, 파트너 링커십은 함께하는 동료를 뜻하는 '파트너'와 무언가를 연결하는 '링크'가 붙은 단어이다. '파트너 링커십'은 어떤 특정한 리더십 스타일 같은 것이 아니라 남을 향한 태도를 뜻한다. 그러나 이러한 것을 잘 설명하기 위해서는 리더십에 대한 이야기가 필수불가결하게 들어간다.

그간 무수히 많은 권위자가 리더십에 대한 연구를 진행했다. 어느 시대건 하나의 집단과 무리를 이끄는 리더leader란 공동체의 생존을 좌우하는 중요한 사람이었기 때문이다. 마키아벨리의 군주론이나 공자를 비롯한 중국의 유학자들이 군주에 대해 다양한 의견을 펼친 것 또한 이것과 관련이 있다. 리더십에 관한 연구는 왕 또는 군주가 통치를 했던 왕권체재가 무너진 다음에 더욱 활발하게 진행되었다.

그 이전까지는 단순히 통치체제와 권력자가 함양해야 하는 덕목들에 대한 논의였다면, 시민혁명 이후 경제가 자본주의를 따른 사회에서는 여러 분야에서 리더들이 필요해졌기 때문이다. 각 회사마다 설립된 회사의 가치에 따른 경영적 리더들이 나타났고, 그들의 행동에 따라

달라지는 경제의 상황들을 관찰하며 사람들은 리더십을 몇 가지로 분류했다. 리더의 인간적인 매력에 의지하는 카리스마적 리더십이나 리더가 윤리적 목표 또는 비전을 제시하는 도덕적 리더십, 리더가 보상으로 공동체에 영향력을 미치는 거래적 리더십 등등.[6]

수직적 문화에서 수평적 문화로 기업경영의 문화가 변화하면서부터는 해당 기업이나 팀에게 비전을 제시하고 변화를 만드는 변혁적 리더십이나, 팀을 인간적으로 지지하고 도와주는 서번트 리더십 등이 유행처럼 등장하기도 했다. 특히나 서번트 리더십은 상호신뢰를 형성하는 것에 역점을 두어 오랜 기간 다양한 저서에서 서술되고는 했다.

때문에 파트너 링커십 또한 어떻게 보면 이러한 다양한 리더십의 연장선에 서 있다고 볼 수도 있다. 타인은 곧 집단일 수 있고, 타인을 향한 태도를 배운다는 것은 현재 리더십 강의들에서도 강조하고 있는 부분이기 때문이다. 파트너 링커십은 그 가운데서도 서번트 리더십에 더욱 가깝다.

그러나 서번트 리더라는 단어를 사용하지 않은 것은, 첫째로 서번트 리더에 고착화된 '섬긴다'는 뜻의 단어를 지우기 위해서이다. 국어사전에 '섬기다'라는 단어를 검색하면 첫째로는 '신神이나 윗사람을 잘 모시어 받들다'라는 뜻 하나와 '사회적으로 보람 있는 일이 이루어지

---

6) Maxwell, J.C. Team Maxwell 2in1

도록 힘이나 정성을 기울임'이라는 뜻이 나온다.

기존의 서번트 리더십의 강조점이 타인을 위한 봉사와 헌신 또는 자신을 낮추는 겸손함을 생각한다면 그 뜻은 두 번째보다는 첫 번째에 더 가까울 것이다. 하지만 우리가 강조하고 싶은 파트너 링커십은 이번 챕터에 들어와 계속 설명하고 있는 것처럼 '타인에 대한 태도'이며, 다양한 인식들 가운데 서로를 이해하고 조율할 커뮤니케이션적 방법이다. 그렇기에 우리에게는 '섬긴다'라는 뜻의 단어보다는 우리가 하고자 하는 말을 더 잘 설명해줄 새로운 단어가 필요해졌다.

앞으로의 사회에서 필요한 것은 도리어 헌신보다는 존중과 적절한 선을 지키는 연대에 더욱 가깝다.

이제 우리는 고객을 포함한 누군가를 섬긴다는 뜻의 서번트servant 보다는 연결된다는 뜻의 링크, 링커십linkership을 원한다. 링커십은 어문 그대로 '연결자'의 의미이다.

물론 우리는 서번트 리더십을 포기한 것은 아니다. 서번트 리더십을 새로운 시대의 청년들에게 연결link하고자 파트너 링커십 개념을 만들었다. 우리는 그 어떠한 공동체에서 당신과 나라는 하나의 동등한 존재가 되기를 원한다. 그리하여 불필요한 관례들보다는 빠르게 변화하는 사회에 발맞출 수 있는 공동체가 되기를 바라는 마음으로 파트너 링커십 개념을 소개하는 것이다.

두 번째로 파트너 링커십 개념을 도입한 이유는 서번트 리더의 '리더 leader'라는 단어가 주는 어감을 피하기 위해서다.

어째서인지 우리 사회에서 리더는 단순히 하나의 프로젝트나 팀을 주도하는 책임자 이상의 단어가 되어버렸다. 막중한 권력을 가지고 하나의 구성원을 이끄는 지도자들을 리더의 예로 삼으면서 생긴 문제인 것 같다. 또는 자기 주도를 비롯한 멘토-멘티 학습 유형의 유행이 불었던 시기, 리더를 차세대 인재나 성공한 사람의 표본으로 삼았기 때문일 거라 생각이 들기도 한다.

이유가 무엇이건 결과적으로 '리더'라는 단어의 어감은 우리에게 자연스럽게 서열을 연상시키는 무언가가 되어버렸다. 아무리 서번트 리더십과 같이 구성원을 '섬기는' 모습이라 할지라도, 그 기저에는 결국 해당자를 구성원들보다 한 단계 서열이 높은 누군가로 지칭하는 분위기가 존재한다. 결국 서번트 리더십의 원래의 뜻이 잘 통하지 않고 있기에 파트너 링커십을 제시하는 것이다.

우리는 리더leader라는 단어의 어감을 바꾸고 싶었다. 우리는 '성공하는 누군가'를 만들고 싶은 것이 아니기 때문이다. 생각해보면 우리는 일상 가운데서 이미 공동체의 리더를 맡았었다. 다만 리더였던 당신을 표현하는 단어가 다양했거나, 또는 크게 직책이 주어지지 않았을 뿐이다. 예를 들어 하나의 프로젝트를 주도하는 사람도 해당 프로젝트에서는 리더이며, 친구와의 여행 모임에서 숙소와 관련된 것을 맡았다면 숙소와 관련한 문제에서는 당신이 리더이다.

결론적으로 하고 싶은 말은 하나다. 우리가 앞으로 하고자 하는 이야기에서는 리더와 팔로워에 대한 구분이 필요 없으며, 심지어 구분할 수 없다는 것.

특히나 우리는 이제 정형화된 조직의 구조가 아주 조금씩 와해 되어가는 모습을 보고 있다. 얼마 전까지만 해도 존재했던 개념인 '평생직장'을 꿈꾸는 청년은 없으며, 취미가 직업이 되는 것 또한 생각보다 어렵지 않게 볼 수 있다.

앞으로 가면 갈수록 그렇게 될 것이다. 듣도 보도 못한 '새로운' 무언가는 이제 존재하지 않는 세상에서 중요한 것은 이미 나온 것들을 어떻게 '새롭고 신박하게' 만들어내느냐이기 때문이다. 1인 가구가 많아지는 것처럼 직업의 종류도 다양해질 것이고, 두 가지 이상의 일을 병행하는 사람도 많아질 것이다. 그리고 그런 사회일수록 더욱더 리더와 팔로워의 구분은 모호해진다. 이제는 누구나 자신의 회사의 사장일 수 있고 어떤 곳에서는 한 조직의 일원으로 팔로워가 될 것이기 때문에.

따라서 협력이라는 말을 더 자주 쓰게 될 사회에서는 지금껏 사용했던 리더라는 말보다는 점차 파트너Partner라는 단어를 채택하게 될 것으로 보인다. 지금도 단어 자체는 고용시장에서 어렵지 않게 볼 수 있다. 스타벅스와 같은 경우도 스타벅스 내에서 일하는 직원들을 '파트너'라고 부르고 있지 않나.

단순히 단어만 대체한 것이 아니냐는 의문을 가질 수 있지만, 생각보다 언어가 가진 힘은 크다. 사회가 바뀌면 단어가 바뀌고, 단어가 바뀌면 사회가 바뀐다.

그렇다면 이제부터 본격적으로 파트너 링커십에 대한 이야기를 하려고 한다. 비장하게 말하고 있지만, 사실상 우리 모두가 알고 있는 이야기고 정말 기본적인 말들일 것이다. 그럼에도 이걸 짚어내는 이유는 간단하다. 사람들이 그 '기본' 조차 잊고 살기 때문이다. 덧붙여, 아래에서 말할 10가지 특성은 래리 스피어스의 '서번트 리더십' 요소를 eBPSS 마이크로칼리지에서 재정립한 것이다. 래리 스피어스가 말한 10가지 요소의 원어는 다음과 같다.

1. 경청   2. 공감
3. 치유   4. 인식
5. 설득   6. 개념화
7. 미래보기   8. 청지기직
9. 이웃의 성장에 헌신하기   10. 공동체 세우기

아래의 본문에서는 글을 읽는 자의 친숙한 이해를 돕기 위해 일정 부분 단어가 대체된 부분이 존재한다.

1. 경청

파트너 링커십의 기본이자 동시에 인간이라면 당연한 인간 관계의 기본이다. 경청. 영어로는 흔히 listening 이라고 하며, 단어 그대로 타인의 말을 귀 기울여 잘 듣는 것을 뜻한다. 하지만 사람들이 착각하고 있는 것이 있다. 경청은 단순히 소리를 잘 듣는 것이 아니다. 경청은 나의 내면에 집중하고 또한 타인의 내면에도 집중하는 것을 뜻한다.

다시 말해 경청은 상대방에게 모든 정신을 집중하여 상대를 살피는 태도이다.

지금의 설명이 모호하다면 그런 경우를 생각해보자. 나는 B와의 여행에서 고기만을 종류별로 먹고자 하는 생각이 있다. 그리고 음식을 결정하는 자리에서 B는 고기를 하나만 사고 대신 소시지를 사는 게 좋겠다고 말했다. 그때, 만약 내가….

'소시지? 정말 좋은 생각이야. 근데 기왕 이렇게 가는 김에 이번엔 고기를 종류별로 먹는 게 좋을 거 같아. 소시지는 언제든 먹을 수 있잖아.'라고 답을 했다면, 그건 솔직히 말해 경청한 것이 아니다. 경청하는 척을 한 것이지. 어쩌면 이렇게 물을 수도 있다.

'엥? 그게 왜요? 상대방의 의견을 정하는 자리라면서요. 저 정도도 제안 못 해요?'

제안? 할 수 있다. 그러나 중요한 것은 내가 하고자 하는 것에 타인을 끼워 맞추는 것이 아니라는 것이다. 위의 상황에서 나는 상대방의 말에 긍정적으로 대꾸는 했지만, 사실상 집중은 '나의 생각'에 있다. 상대의 의견은 일종의 들러리인 것이다.

흘려듣지 말자. 그 사람의 목소리를 듣지 않으면 정말로 영원히 그 사람을 이해할 수 없다.

2. 공감

사람들은 모두 특별하고 또 독특한 본인만의 상태를 가지고 있다. 세상의 무엇하나 같은 별이 없는 것처럼 사람 역시 한 명, 한 명이 각자의 고유성을 가지고 있다. 공감은 단순히 상대방의 감정이나 행동에 동의하는 것이 아니다. 그를 하나의 사람으로 존중하는 것이 당연한 일인 것처럼 그 사람을 하나의 잣대로 평가하지 않고 특성을 파악해 그대로 받아들이는 것을 뜻한다.

그리고 장담컨대 이런 공감에 대한 내용은 경청만큼이나 흔하게 들었을 것이다. 여기에서 나는 막스 셸러의 이야기를 살짝 덧붙이고 싶다. 막스 셸러는 본인의 저서인 [공감의 본질과 형식]에서 다음과 같이 말했다.

가치는 사랑에 의해 드러나고,

미움에 의해 은폐된다.

사랑의 질서는 인간의 타고난 능력이다.

우리는 알기 전에 먼저 느낀다.

-막스 셸러 [공감의 본질과 형식]

셸러에게 있어서 공감의 개념이란 정서적 반응을 통해 다른 사람의 체험에 적극적으로 참여하는 과정이다. 다시 말해 타인의 자아를 '체험'하는 과정이라고 할 수 있는 것이다. 셸러는 공감을 단순히 우리가 흔히 아는 감정적인 작용으로 보지 않았다. 그는 공감의 작용을 나 자신의 주관적인 체험에 앞서 타인의 체험이라는 객관적 실재성이 존재한다고 보았으며, 이러한 객관적인 실재에 대한 이해나 판단을 기초하는 선행과정이 생략된다면 공감의 현상은 일어날 수 없다고 보았다. 이에 관하여 박병준 교수가 예시를 든 것이 있는데, 해당 내용을 인용해 보겠다.

'나는 추운 겨울밤 육교를 지나면서 추위에 떠는 거지를 보는 순간 극심한 가난의 고통을 느낄 수 있다. 이때 내가 느끼는 가난의 고통은 분명 거지가 느끼는 고통과는 다르다. 비록 그것이 같은 종류의 가난의 고통이라 하더라도 마찬가지이다. 혹시 내가 예전에 이 거지처럼 가난한 순간이 있었다면 그런 감정 상태는 더욱더 육교 위의 거지의 체험과 흡사할 수 있을 것이다.

그러나 우리는 이 경우를 공감이라 말하지 않는다. 왜냐하면, 내가 그때 느끼는 순간적인 감정은 거지의 실제 체험에 참여하려는 의지와는 무관한 것이기 때문이다. 더구나 이 경우 거지가 겪는 고유한 체험과 느낌에 대한 최소한의 이해도 전제되어 있지 않다. 물론 나는 이때도 나의 감정 상태로 인해 거지에게 적선을 베풀 수 있다. 그렇다고 그런 적선이 내가 거지를 진심으로 공감한다는 것을 의미하지는 않는다.'[7]

지금까지 한 막스 셸러와 우리의 이야기를 간단하게 정리하면 다음과 같다.

공감이란 '감정'이 아니라 사랑을 기반으로 나를 타인에게로 확장하는 과정이며, 동시에 참여하고 반응하는 '행위'이다.

7) 박병준. "공감과 철학상담 -막스 셸러의 "공감" 개념을 중심으로." 철학논집 36, no. 0 (2014): 18.

3. 힐링

'엥? 게임도 아니고 갑자기 무슨 힐링?'이라고 할 수 있지만, 그 힐링 맞다. 나는 지금 당신에게 파티 내 힐러의 역할을 부탁하려는 거다. 이렇게만 말하면 그게 무슨 소리냐고 할지도 모르겠다.

사람은 지치기 마련이다. 보스몹[8]을 때리다 보면 빨간 피[9]가 되는 것처럼 사람에게는 모두 육체적으로도 정신적으로도 상황적으로도 힘든 때가 오기 마련이다. 그러나 생각보다 많은 현대인들은 그런 자신의 상황을 숨기고 괜찮은 척한다. 이전 챕터에서 말했던 것처럼 자신의 취약점을 부정적으로 보고 있기 때문이다.

파트너 링커는 그렇기에 나와 링크가 된 파트너를 유심히 관찰할 줄 아는 사람이어야 한다. 유능한 힐러, 딜러[10], 탱커[11]가 힐을 요구하기 전에 버프와 힐을 주는 것처럼, 파트너 링커의 치유 또한 같다.

다시 말해 자신이 도움을 줄 기회를 끝까지 살피며 상대방을 살피는 태도를 뜻한다.

---

8) '보스 몬스터'의 줄임말. 게임 성공을 위해 최종적으로 물리쳐야 할 무언가이다.
9) 게임 내에 주어진 체력 게이지가 일정 수치 이하로 떨어지는 것
10) 게임 내에서 강한 공격력으로 팀의 공격을 책임지는 캐릭터
11) 주로 팀의 방어를 맡는 캐릭터

생각하는 것만큼 어려운 것은 아니다. 치유의 행위는 경청과 공감이 바탕이 될 때 자연스럽게 이어질 수 있다.

4. 인식

인식은 정확하게는 영어로 'Awareness' 즉 주의에 가깝다고 볼 수 있다. 여기에서 주의한다는 것은 현재 나와 파트너, 그리고 공동체의 상황과 우리를 둘러싸고 있는 일들을 민감하게 살피는 것을 뜻한다.

편하다는 것은 긍정적으로는 안정적이라는 뜻이지만, 부정적으로는 둔해진다는 것과 같다. 파트너 링커는 상황이 급하게 변할 수 있음을 인지하고 있어야 하며, 일반적인 입장에서 상황을 보아야 한다. 인식하는 것이 언제나 든든함을 동반하는 것은 아니다. 때로는 인식하기 때문에 두려울 수도 있다. 자신이 상상하지 못했던 것을 발견할 수도 있기 때문이다.

자신이 혼란을 줄 수 있다는 것을 알고 있는 것이 얼마나 두려운 일이겠는가. 하지만, 아는 것은 힘이 된다고, 놀랍게도 이게 도래할 것이라는 걸 알고 있다면 도리어 실행할 때에는 자신의 내면이 조용해지는 것을 느낄 수 있을 것이다. 파트너 링커는 파트너와 공동체가 마주할 것들을 살피는 사람이며, 동시에 자신과 공동체가 가지고 있는 장점과 단점도 직시할 수 있는 사람이다.

5. 설득

'설득'이라는 단어를 쓰고 있지만 이는 사실 하고자 하는 이야기의 '끊임없는 소통'에 가깝다. 이미 사회에서의 피로도가 높은 우리는 근래 타인과의 관계를 쉽게 놓아버린다.

'나와 방향이 다른 것 같아서 각자의 길을 가기로 했어.'
'굳이 상대방의 일에 끼면 피곤할 것 같아서.'
'이야기 나눠봤는데 나랑 안 맞는 것 같아.'

취향의 존중과 서로가 다르다는 명목은 때로는 좋은 핑계가 되어, 서로 간의 건전한 토론과 합의, 그리고 함의를 불가능하게 한다. 어느 사회도 어떤 시대도 부딪힘 없이 발전한 적은 없다. 합의 과정에서의 다툼과 투쟁은 바람직하고 자연스러운 과정속에 속한다.

파트너 링커에게 말하는 설득이란 결국 소통을 놓지 않는 인내를 뜻한다.

답정너(답은 정해져 있고 너는 대답만 말해의 줄임말)를 하라는 것이 아니다. 우리 가운데 누구도 원하는 답이 나올 때까지 반복해 대화를 유도하는 것을 설득이나 소통이라고 말하지 않는다. 그건 정확하게는 '암묵적 강요'이다. 친절한 말투나 분위기를 보이고는 있지만, 지속되는 시간과 주변 분위기의 압박, 그리고 때로는 본인과의 친분을 무기 삼아 상대방을 공격하는 것과 다름없는 행동이기 때문이다.

파트너 링커는 상대방의 말을 경청하고 공감하며, 주변의 상황을 인식하면서 상대방과 끊임없이 소통을 이어나가는 사람이다.

6. 개념화

개념화라고 하면 이게 무슨 뜻인지 모호한 사람이 있을 수 있다. 쉽게 이야기를 하자면 자신뿐 아니라 함께하는 파트너와 공동체의 큰 그림도 그리는 것을 의미한다. 초반에 이야기했던 것처럼 큰 그림은 자신이 나아가는 방향을 잡아주는 아주 중요한 역할을 한다. 그렇기에 큰 그림은 당연하게도 '나'라는 개인뿐 아니라 특정한 '집단'에게도 매우 중요하다.

파트너 링커는 하나의 프로젝트를 위해 모인 공동체라 해도 큰 그림을 통해 해당 프로젝트의 그림을 그릴 수 있는 사람이다.

단지 단기적인 운영 목표를 달성하는 것을 말하는 게 아니다. 해당 작업은 링커가 속해있는 집단의 이들에게 일종의 가치를 부여하는 중요한 작업이 될 수 있다. 다만 혼자 진행을 하는 것은 아니다. 파트너 링커는 절대 독단적으로 혼자 무언가를 결정하지 않는다. 중요한 것은 설득과 경청을 통해 자신의 생각을 확장하고 받아들여야 한다는 점이다.

7. 미래 보기

영어로 표현하자면 Foresight라는 단어이며, 미래를 예측해 보는 것을 뜻한다. 그건 점을 보거나 무언가 운이나 감을 따르라는 이야기가 아니다.

우리는 지금 기다란 시간선 위에 놓여있는 것과 같다. 과거의 시간선과 미래의 시간선 사이에 놓인 것이 지금의 '현재'이다. 혹시 디즈니의 작품 가운데 [이상한 나라의 앨리스]를 본 적이 있는가? 그걸 보다 보면, 길을 잃은 앨리스의 모습을 볼 수 있다.

모자장수라던가 채셔 고양이와 같이 이상한 일을 너무 많이 겪은 앨리스는 다시 자신의 집으로 돌아가고 싶어져 집으로 가는 길을 찾는다. 앨리스는 미로와 같은 숲을 혼자 돌아다니며 길을 찾고, 그러던 도중 겨우 이끼들의 조언을 받아 집으로 갈 수 있는 길path를 발견할 수 있게 된다. 그러나 집에 돌아가는 행복한 상상을 하며 길을 빠르게 따라가던 앨리스에게 한 가지 불행이 닥친다. 그녀의 앞에서 빗자루 강아지가 낙서를 지우듯이 그녀가 가고 있던 길을 지운 것이다. 앨리스는 이제 절대로 집으로 갈 수 없을 거라며 그 자리에서 눈물을 흘리고 장면은 다른 내용으로 전환이 된다.

왜 갑자기 앨리스의 이야기를 꺼냈냐면, '미래 보기'가 이 길을 보는 것과 비슷하기 때문이다. 우리는 과거의 교훈과 현재 자신에게 놓인 현실, 그리고 미래를 위한 결정 가능한 결과를 이해할 수 있어야 한다. 이것이 바로 큰 그림을 그린 파트너 링커의 공동체와 파트너가 본인들이 정한 대로 잘 움직이고 있는지 확인할 수 있는 방법이기 때문이다.

미래 보기는 직관력에 가까워, 때로는 미래에 대해 결단을 내릴 수 있어야 한다. 특히나 중요한 결정의 순간에서 미래보기는 빛을 발한다. 자신이 놓인 상황과 시대를 읽을 줄 안다는 것은 앨리스의 길을 지운 빗자루 강아지가 길을 지울 수 없도록 미리 울타리를 쳐 놓는 것과 비슷한 것이다.

8. 나눔

나눔이라고 표현했지만 10가지 특성을 제시한 래리 스피어스는 Steward-ship이란 표현을 쓴다. 이는 사전적인 용어로는 청지기정신으로 번역할 수 있다. '스튜어드십=청지기정신'인데 이는 우리에게 익숙하지 않은 표현이다. 그래서 우리는 이를 '나눔'으로 대체했다. 파트너 링커는 단순히 자신과 파트너, 그리고 자신이 속한 공동체의 이익만을 추구하지 않는다. 만약 그렇다면 그것은 지금까지 존재했던 기업들과 다를 것이 없다. 여기에서 말하는 책임감 있는 나눔이란 또한 단순한 '사회적 책임'과 '사회적 환원'을 뜻하는 것이 아니다.

파트너 링커는 자신이 소유한 것을 책임감을 가진 채 '공유'할 수 있어야 한다. 피터 블락Peter Block은 이를 '다른 사람에게 신뢰감을 주는 소유를 하는 것'이라고 했으며, 로버트 그린리프는 사회의 더 큰 이익을 위해 신뢰하는 기관을 유지하는 것이 그 역할이라고 설명한다.

왜 나누어야 하나? 우리는 이미 답을 알고 있다. [세상에 손을 내밀다]에서 나왔던 것처럼, 사회가 행복해야 우리도 행복할 수 있기 때문이다.

공유는 나의 것을 빼앗기는 것이 아니다. 공유는 도리어 또 다른 새로운 창출의 길이다. 이미 많은 크리에이터들이 유튜브 같은 곳에 자신이 알고 있는 것들을 공유한다. Vlog브이로그는 자신의 생활과 시간을 공유하는 것이고, 정보 채널은 자신이 알고 있는 지식을 공유하는 것이며, 게임 방송은 해당 게임을 공유하고 있고, 유튜버들은 자신이 알고 있던 아이디어를 공유하는 것이다.

하나가 뜨면 다른 것들이 연달아 올라오는 특성상 하나를 공개한다는 것은 자신이 가지고 있는 것을 타인과 공유하겠다는 것과 다름없지만 그럼에도 사람들은 해당 내용을 올린다. '공유'가 돈이 된다는 것을 알고 있기 때문이다.

코넬대학교 존슨경영대학원 교수 로버트. H. 프랭크는 [실력과 노력으로 성공했다는 당신에게]라는 책에서 성공에 작용한 행운의 중요성을 인정해야 한다고 말한다. 무엇이든 '나'혼자 사는 세상은 더 이상 존재하지 않는다. 나누는 것은 이에 대한 책임이지만, 단순히 도덕적인 것을 넘어 앞으로의 공유는 도리어 더 큰 것을 가지고 돌아올 거라 확신한다.

물론 여기에서의 공유는 '원저작자'가 제공하는 것을 원칙으로 하는 것이며, 원저작자의 동의 없이 무단으로 공유를 하는 것은 엄연한 범법행위이다.

9. 함께 성장하기

파트너 링커는 함께 하는 파트너와 자신이 속한 공동체와 함께 자라는 사람이다. 그게 개인적 성취이건 직업적 성취이건, 또는 정신적 성장이건 파트너 링커는 자신의 파트너와 공동체에 집중할 줄 알아야 한다. 치유하기가 어려운 상황에 처했을 때 힐을 주듯이 도움을 주는 것이라면 이것은 그와 비슷하면서도 조금 다르다. 상대가 성장하는 것에 필요한 모든 것을 도울 '책임감'을 가지는 것이다. 이건 단순히 비즈니스적인 것을 의미하지 않는다.

파트너 링커는 공감을 통해 해당 파트너의 자아를 체험하고 그가 말하는 생각과 제안을 '개인적인 관심'으로도 받아들일 수 있어야 한다. 의학 용어 중에 Follow-up이라는 단어가 있다. 해당 처치 이후를 살펴보아야 한다는 뜻인데, 이처럼 파트너 링커는 상대가 도움을 필요로 할 때는 대비하여 그 사람에게 지속적으로 관심을 가지고 함께 해주어야 한다.

물론 이건 사적으로 오지랖을 부리거나 과한 참견을 하라는 뜻이 아니다. 필요 이상의 과도한 관심은 도리어 상대방을 불편하게 만들 수 있다. 위에서 말한 것을 기억하자. 파트너 링커는 존중과 적절한 선을 지키는 연대를 하는 사람이다.

10. 공동체에 집중하기

공동체에 집중을 한다는 것은 지금까지 나왔던 것들을 종합적으로 다시 이야기하는 것과 비슷하다. 다만 지금까지 이야기했던 것이 타인을 대하는 태도라는 점에 비추어 볼 때 사람대 사람의 내용에 더욱 가까웠다면, 이건 말 그대로 파트너 링커가 속한 '공동체'에 집중하는 것을 뜻한다.

공동체는 특정하게 큰 조직일 수도 있지만 그렇지 않은 작은 소규모의 그룹일 수도 있다. 자신이 관심 가지게 되는 취미 생활의 동아리일 수도 있고, 때로는 직업적으로 만난 친목 모임일 수도 있다. 그러나 한 가지 명확한 것은 공동체라는 것은 서로가 서로를 지지해 줄 수 있는 가장 큰 자산이라는 것이다.

공동체는 단순히 사교장의 역할을 넘어, 다양한 기능을 담당하게 된다. 하나는 파트너 링커에게 안정감을 부여한다는 점이다. 인간은 의심을 하는 존재이기 때문에, 아무리 자신이 큰 그림과 일일 보고서 등으로 자신을 잡고 있다고 해도, 변하는 것들에 흔들릴 수 있다. 하지만 혼자가 아닌 공동체라면, 파트너 링커는 언제든 리더이자 팔로워인 '파트너'로서 자신의 구성원들에게 정신적 물질적 지지를 얻을 수 있다. 특히나 공감과 경청이 일반화된 곳에서는 더욱 그러하다.

그렇기에 파트너 링커는 자신의 근처에 공동체 (커뮤니티)를 구성하고 그 공동체가 잘 유지될 수 있도록 지금까지의 내용을 활용해 집중해야 할 필요가 있다. 건강한 공동체가 세워져야 건강한 사회가 만들어진다.

지금까지 말한 10가지 내용은 모두 파트너 링커로서, 타인을 대하는 것에 필수적인 태도들이다. 그러나 그 가운데에서도 가장 중요한 것을 꼽자면 나는 주저하지 않고 경청과 공감을 꼽을 것이다. 그 외의 것들은 상대방을 존중하며 그의 말을 귀 기울여 들으며 이해하고, 그의 자아를 체험하는 공감 속에서 자연스럽게 터득되는 것이기 때문이다.

한 가지 당부하고 싶은 것은 진짜 제발 많이 필요도 없으니까 저 10가지 가운데 단 하나라도 의식적으로 하려고 시도해달라는 것이다.

알고 있다. 이렇게 당부를 하기는 했지만, 막상 현실을 돌아보면 그게 생각만큼 쉬운 일이 아니라는 것을. 여기에서 하루 운동을 30분씩 하면 살이 빠진다는 사실을 모르는 사람 손? 아마 아무도 없을 것이다. 그런데 실제로 하는 사람은 드물 거라 장담한다. 왜냐하면 꽃밭과 현실은 다르기 때문이다. 하루 운동 30분? 아니, 30분을 더 자기라도 하면 다행이지. 샐러드를 챙겨 먹어? 아니, 회식에서 술이라도 강요받지 않으면 다행 아닐까?

모든 게 논리적이고 합리적이며, 심지어는 옳은 말만 하는 글자와 다르게 우리가 마주하는 매일의 일상은 암울하다. 이 글도 똑같다.

파트너 링커의 태도로 타인을 대해야 내가 온전하게 행복해질 거라고? 아니, 링커의 자세고 뭐고 당장 눈앞의 야근과 과제를 먼저 때려치워야 행복의 'ㅎ'이라도 잡을 것 같을걸? 월요일 아침 9시부터 고객에게 컴플레인이 들어오면 아마 '고객의 입장을 경청해야지'라는 생각보다 피곤함이 먼저 당신의 어깨를 누를지도 모른다.

공감? 진정한 공감까지 갈 필요도 없다. 출근길, 나를 꾹꾹 밀치며 어떻게든 지하철 안으로 들어오는 회사원을 보면 '저 사람도 회사에 늦을까 봐 힘들겠다.'라는 마음보다 짜증이 먼저 날 수도 있다.

하지만 그렇게라도 생각해줬으면 좋겠다.

짜증이 먼저 나도 괜찮다. 피곤한 마음을 감춘 채 '네, 그러셨습니까, 고객님.' 하고 언제나와 같은 멘트를 한다고 해서 당신이 뭔가 잘못한 것도 아니다. 그건 인간이라면 정말 누구나 자연스럽게 하게 될 생각이고 느낄 감정이니까. 솔직하게 말하자면 글을 쓰고 있는 우리도 파트너 링커로 살지 못한다.

하지만 파트너 링커십을 소개하며 한 말은 진심이고, 진실이다. 유기적인 세상 속에서 나 혼자 마음가짐을 다지는 것으로는 행복에 한계가 있고, 결국 타인에게 손을 내밀어야 한다. 타인과 관계를 바르게 맺는 법을 계속해서 떠올리고 그렇게 나에게 힘이 되어줄 커뮤니티를 만들어야 한다. 장담할 수 있다. 당신이 쑥스러워도 마음 한구석에 '파트너 링커로 살아봐야지' 하고 다짐을 했다면 셀프 칭찬을 했던 기자님처럼 일일 보고서에 '오늘은 공감하는 걸 잊지 않고 해본 나'와 같이 자신을 정의하고 칭찬하는 날들이 길어진다면, 당신은 주변의 변화를 느낄 것이다. 당신에게는 태어날 때부터 그런 재능이 있으니까.

아, 혹시 '어 재능…. 잘 모르겠는데?'라는 생각이 들어도 걱정하지 마라! 짧게 말하고 넘어가긴 했으나, 미래저널: 일일 보고서는 '파트너 링커십'의 능력을 키우는 것을 크게 도와줄 수 있다. 여기까지 읽었다면 알겠지만, '나'는 정말 오로지 '나'혼자로서 존재할 수 없고 결국은 연결된 누군가이기 때문이다. 뫼비우스의 띠 같다고? 아, 정말이라니까? 궁금하면 한 번 해봐! 츄라이! 츄라이!

Chapter 6

가보지 않은 길 앞에서
아주 조금의 가능성이라도 있다면

일을 하루 아침에 이루려고
조급하게 서두르지 마라
어떤 생각 한 가지가
단번에 큰 성과를 가져 오는 것은 아니다.
나무가 클수록 그 뿌리가 깊듯
위대한 과업은 오랜 준비가 필요하다

-공자

자. 지금까지 우리는 아주 많은 이야기로 단숨에 달려왔다. 그래서 이번 이야기를 하기 전 지금까지 했던 이야기를 간략하게 되짚어보고자한다. '미래보기'에서 말했던 것처럼 과거를 떠올리는 건 미래를 보기에 앞서 중요한 부분이니까.

시작은 큰 그림Big Picture의 필요성이었다. 우리는 큰 그림이 존재해야 어떠한 변화에도 흔들리지 않는 자신을 발견할 거라고 말을 했고, 본인 나름의 큰 그림을 그리기에 앞서 우리가 그린 큰 그림을 먼저 보여주었다. 그게 '미래저널-일일 보고서'다. 다만 바로 일일 보고서가 뭔지를 설명하기 전, 우리는 '나'에게 시간을 할애하는 것의 중요성에 대해 말했다. 그리고 '나'에 대한 이야기를 지나, 나와 타인에 대한 것을 파트너 링커십을 통해 말했다. 파트너 링커십이 무엇인지, 그리고 그게 대체 왜 필요 한지에 대해서 말이다. 그런데 말이다. 혹시 이런 생각이 들지는 않는가?

'아니, 알겠어. 그걸 하는 이유는 알겠는데. 당신은 조금 전부터 세상이 빠르게 바뀌고 있다는 걸 대전제로 깔다 못해 반복까지 하고 있잖아요? 대체 왜 그렇게까지 강조하는 거죠?'

나(박혜안)는 그랬다. 나는 의문을 가졌다. 세상이 빠르게 바뀌는 건 맞다. 초등학생 때 쓰던 전자기기는 이제 더 이상 필요도 없고, 몇 년 전의 나의 인식과 지금의 나의 인식은 하늘과 땅만큼 차이가 난다. 하지만 그렇다고 해서 나의 생활이 180도 바뀐 것은 아니다. 내가 어린 시절 떠올렸던 그 '미래사회'처럼 드라마틱하게 달라진 삶은 아니라는 것이다.

사회가 바뀐 사이 덩달아 비싸진 물가, 그 사이에서 여전히 2-300만원으로 경제적 독립을 위해 버둥거리는 나, 과거와 그렇게 달라지지 않은 인간관계들, 매일같이 돌아가는 일상. 이 책을 덮고 나서도 우리의 삶은 어제와 엇비슷할 거다. 아침에 일어나 출근을 하고 퇴근을 해 집안일을 하고 핸드폰을 잠시 보다가 자는 삶.

하지만 나는 지금부터 공상 과학에 가까운, 어떻게 보면 우리의 오늘의 '내' 삶과는 동떨어진 환상과도 같을 이야기를 늘어놓을 생각이다. 그 이야기를 하고 나서야 비로소 '왜 그렇게 세상이 빠르게 바뀌고 있어요!'를 강조하는지에 대한 답을 해줄 수 있을 것 같아서.

2016년 3월 9일. 행정고시를 준비하면서 밥집에서 고등어를 먹던 나는 재미있는 뉴스를 보았다. 바로 이세돌 대 알파고의 대결이었다. 모두가 주목했던 그 대결은 그전까지 수면 아래서만 웅성거렸던 하나의 존재를 수면 위로 끌어 올렸다. 바로 인공지능인 A.I.다.

대충 내가 앞으로 할 이야기가 무엇인지 알 것 같은가? 맞다. 나는 우리의 적으로 보이는 인공지능에 대한 것을 말할 참이다. 인공지능을 기반으로 한 로봇의 발전은 더딘 것 같으면서도 매우 빠르게 진행되고 있다. 작년과 올해만 해도 새로운 뉴스를 몇 개나 본지 모르겠다.

AI에게 자신의 얼굴과 행동 목소리를 학습시키면 직접 영상을 찍지 않아도 AI가 자연스럽게 자신 대신 자신과 똑같은 목소리와 행동으로 말을 한다든가, 이러한 기술을 바탕으로 하여 음란물이나 가짜 뉴스를 만드는 사람들이 있다든가. 아니, 사실 이러한 뉴스들을 제하고서도 더 가까이에 쉬운 예시가 있다. 바로 시리나 빅스비같은 인공지능들이다.

얼마전 구글에서 진행한 신제품 시연이 있었다. 구글의 '구글 어시스턴트'는 그 시연에 따르면 과거에 비해 훨씬 인간다워졌으며 더 많은 것을 도맡아 주게 되었다. 구글 어시스턴트는 사람과 똑 닮은 목소리로 미용실에 전화를 걸고 나를 대신해 미용예약을 진행할 수 있게 되었다. 또는 우울하다는 나의 평에 직접 위안을 건네며 추천곡을 제안해주기도 한다. 전자는 아직 내 폰에서 실행되지 않지만, 후자는 지금도 가능하다. 구글 어시스턴트는 노래를 불러달라는 내 농담에도 제법 재치있게 대답을 하니까.

혹시 유튜브에서 이번에 만든 8부작 다큐멘터리, Age of A.I를 본 적이 있는지 모르겠다. 아직 우리나라에서는 자막이 지원되고 있지 않은 다큐멘터리인데, 해당 다큐를 보면 인공지능이 벌써부터 사람들에게 도움이 되는 쪽으로 발전한 모습을 엿볼 수 있다.

가장 기억에 남는 것은 강철의 연금술사의 주인공처럼 팔을 잃은 사람에게 로봇 형태의 의수를 제공한 것이었는데, 놀랍게도 해당 손이 우리의 손처럼 작동한다는 점이었다. 물론 아직 인간이 가진 모든 신경을 완전하게 만들어낼 수는 없어, 우리의 손이 움직이는 것처럼 자유롭게 움직이는 수준은 아니다. 단지 열 손가락을 모두 굽혔다가 필수 있는 정도의 움직임일 뿐. 하지만 해당 로봇이 사고로 완전히 팔을 잃은 이에게 얼마나 큰 놀라움이었을지를 떠올려 보자.

인공지능은 지적 활동에서의 자동화를 뜻한다. 로봇의 진화는 우리에게 더한 편리성을 제공하고 있고, 이제는 불가능을 가능으로 만들어주는 영역으로 옮겨가고 있다. 우리가 지금껏 가지고 있던 그 어떤 도구보다도 똑똑한 도구가 현실 속에서 우리의 손에 주어진 것이다. 그리고 이러한 흐름을 타고 언젠가는 분명 인간형의 안드로이드 로봇이 등장할 것이다.

퀀틱 드림이 2018년에 발매한 플레이스테이션 게임, 디트로이트: 비컴 휴먼Detroit: become human은 바로 이런 인간형 안드로이드 로봇이 우리 삶에 당연해진 순간을 그리는데, 그 시기가 생각보다 멀지 않다. 게임 내 배경 연도는 2038년. 올해가 2020년인 것을 생각하면, 20년도 채 되지 않은 시간이다.

중요한 점은 시기보다도 그 내용이다. 디트로이트 비컴 휴먼이 그린 세상 속의 안드로이드들은 훌륭한 도구로 사회 곳곳에 도입되어 일한다. 거리를 청소하는 환경미화원, 집안의 잡다한 집안일을 처리하는 가정부, 가게의 종업원이나 옷가게의 마네킹도 안드로이드들이 맡고 있다.

게임 속의 우리는 우리가 '생명체'이고 안드로이드가 '기계'이자 '무생물'임을 누구보다 잘 알고 있다. 그래서 그들을 대하는 것에는 모럴이라는 것이 존재하지 않으며, 상대가 인간이었다면 범죄의 영역에 해당하는 일 또한 잦게 일어난다. 그들에게 가해지는 물리적, 성적 폭력과 욕설 등은 사회에서 아무런 문제가 되지 않는다. 당연하다. 그들은 물건이니까.

게임은 감정을 느끼지 못하는 안드로이들 사이에서 감정을 느끼는 '불량품'이 생긴 상황을 세 명의 주인공을 중심으로 펼쳐낸다. 기본적으로 플레이어의 선택에 따라 도달할 수 있는 엔딩이 달라지는 인터랙티브Interactive 드라마 형식을 가지고 있어 상당한 몰입감이 장점인 게임 중의 하나이다.

감정이 없던 로봇이 감정을 가지게 되고 인간이 되어가는, 공상과학 장르에서는 지극히 클리셰적인 주제를 가지고 온 것은 '봤어? 이래서 내가 세계가 빠르게 변한다는 걸 강조한 거야! 우리 사회도 아주 빠른 시기에 저렇게 변할 거라고 말하려고!'라고 말하기 위함이 아니다. 오히려 주목하고자 하는 것은 '인간형 도구'를 대하는 우리의 태도이다.

로봇이 점점 단순한 업무에 그치는 것이 아니라 딥러닝 등으로 고등차원의 문제까지 해결하게 되면서, 사회는 이들을 두고 아주 뜨거운 토론을 했다. 그들을 통해 우리가 얼마나 크게 진보할 수 있을지를 강조하는 쪽과 그들이 결국 인간을 위협하게 될 것이라 강조하는 쪽이 말이다. 시기에 대한 논란 또한 존재한다. 지금까지 인류사회가 발전해온 속도에 의하면 우리가 생각하는 그 미래는 아주 빠른 기간 내에 도래할 것이라는 쪽과 그렇지 않을 거라는 쪽. 두 주제 모두 어느 쪽의 말이 진실일지는 알 수 없지만, 단 한 가지 우리가 확신할 수 있는 게 있다.

우리의 앞에는 그렇게 될 '가능성'이 존재하고 우리는 언젠가 태도를 정해야 한다는 것.

여기에서의 태도는 총 세 가지를 의미한다. 하나는 나 자신과 관련된 태도이고, 다른 하나는 인공지능에 대한 태도이며, 마지막은 사람에 대한 태도이다.

최근 은퇴 선언을 한 이세돌은 SBS '이동욱은 토크가 하고 싶어서'에서 자신의 은퇴 결심과 알파고가 관련이 있다고 언급했다. 이세돌은 이걸(바둑) 잘한다고 무슨 의미가 있는지에 대한 의구심이 들었다고 말하며 다음과 같이 이야기했다.

'어린 시절, 바둑을 예술과 같은 것으로 배워왔다. 바둑은 두 사람이 만드는 하나의 작품이라고 생각하는데, 이게 무슨 작품이 되겠나. 내가 배운 예술 그 자체가 무너져 버렸다.'[12]

인간이 인간의 머리로는 절대 이길 수 없는 기계의 앞에서 그는 분명 고뇌했을 것이다. 지금껏 자신이 추구해왔던 것에 대한 고민, 앞으로 자신의 가치에 대한 질문. '노력'이라는 것이 결코 빛을 발휘할 수 없어지는 현실 앞에서의 허탈함.

그가 느꼈을 감정은 꼭 고등 지능을 가진 AI와 있어야 느끼는 것이 아니다. 최근 재미있어 보이는 일이 있어 면접을 본 적이 있다. 면접장에서 면접관은 나에게 물었다.

'자신이 가진 장점을 말해주세요.'

나는 답했다.

'책임감이요.'

그리고 나의 질문에 면접관은 얼굴에 장난스러운 미소를 지으며 그의 앞에 있는 자료를 들췄다.

12) 김형준. "이세돌, 이동욱 토크쇼 출연…"은퇴 결심, Ai가 결정타"." 매일경제, 2019.12.19

'한 번도 확인한 적 없었는데, 확인해 봐야겠네요. 적성 검사 보면 책임감 같은 것도 수치가 다 나오거든요.'

그 순간 누군가에게 큰 망치로 뒤통수를 얻어맞은 기분이었다. 만약 내가 생각하고 있던 나와 AI가 판단한 내가 다른 사람이면 나는 누구인 걸까? 나는 지금까지 내가 해오고 겪은 경험과 주위 사람들의 판단을 통해 나를 책임감이 있다고 평가했는데, 만약 AI는 그러지 않았다면?

내가 말하고 있는 나는 정말 '나'일 수 있는 것일까? 그리고 만약 사회가 AI가 정한 기준을 근거로 나를 평가한다면, 나는 AI가 정한 기준에 동의할 수 있을 것인가? '나'를 기계가 판단한 사람 그대로 받아들일 수 있나?

인공지능이, 또는 인공지능을 이용하는 사회가 나를 정의하는 상황 속에서 우리는 '나'에 대한 태도를 정해야 한다. 자신을 먼저 '정의'할 수 있어야 하고 내가 추구할 가치가 무엇인지 큰 그림을 그려두어야 한다. 그래야 인공지능 또는 인공지능을 이용한 사회가 정의한 '나'에 매몰되지 않을 수 있다. 두 가지 기준이 만들어 낼 간극 사이에서 자신을 다잡아 방향을 마련할 수 있다.

가치는 그래서 중요하다.

인공지능에 대한 태도 또한 마찬가지이다. 디트로이트 비컴 휴먼에서 인간은 인간형 안드로이드를 철저한 소유물로 대우했다. 흡사 우리가 과거 노예를 부리듯이, 인간은 우월적인 지위에 서서 안드로이드를 이용했다.

현재 학자들 가운데서는 로봇이 감정을 가질 수 있다고 보는 이들이 많아졌다. 인간의 뇌 역시 화학적 반응과 전기 신호라는 일종의 프로그래밍과 비슷하게 작동하기 때문에 그 알고리즘을 안다면, 로봇 역시도 감정을 가질 수 있다는 것이다. 이 논의는 꽤 타당하다.

사전적으로 이성은 개념적으로 사유하는 능력을 감각적 능력에 상대하여 이르는 말이고 감성은 외계의 대상을 오관五官으로 감각하고 지각하여 표상을 형성하는 인간의 인식 능력이라고 말한다. 사전적인 정의가 어떻건, 우리는 일반적으로 이렇게 이야기를 한다.

'너는 너무 이성적이야. 여기에서는 내 마음에 동조해줘야 하는 거 아니니?' '너야말로 너무 감성적이야! 객관적으로 이야기를 해야지!'

그런데 잘 살펴보면 이성과 감성은 서로 단절된 무언가가 아님을 알 수 있다. 이성적인 것은 인간성이 없는 판단이 아니다. 이성적으로 판단할 수 있기에 감성을 느낄 수 있으며, 반대로 감성이 있기에 우리는 오히려 합리적인 생각을 할 수 있다. 파트너 링커십을 소개하면서 '공감'을 설명할 때 셀러가 했던 말을 기억하는가?

셸러는 진정한 공감이 있기 위해서는 객관적 실재에 대한 이해가 선행되어야 한다고 보았다. 그리고 객관적 실재에 대한 이해는 이성이 하는 행위이다. 노예의 자식으로 태어나 노예로서 한평생을 사는 것이 당연하다고 생각한 사람들은 분노하지 않았다. 그게 '당연'했기 때문이다. 그들이 감정을 가지고 움직이게 된 것은 그들의 상황이 당연하지 않은 것이고 그들과 자신의 주인이 객관적으로 다를 게 없는 사람이라는 것을 이해하고 배운 이후의 일이었다.

반대의 경우도 마찬가지이다. 이성의 영역이라고 말하는 과학에는 도리어 감성이 차지하는 부분이 크다. 페니실린 역시 한 과학자가 실패한 실험에 가진 '흥미'에 의해 발견되었고, 현재 상황이 불편하다는 감정을 인지했을 때 사람은 비로소 지금의 느낌을 해소하기 위한 이성적인 방법을 모색한다.

물론 인공지능과 같은 기계는 프로그래밍에 따라 움직이기 때문에 인간만큼 이성과 감성이 긴밀하게 작용하지 않을 것이다. 특히나 유기적 생물체인 육체가 정신적인 것에 얼마나 큰 비중을 차지하는지를 안다면 더욱 그러하다. 그러나 우리는 언젠가는 나와 닮고 비슷하게 감정을 느낄 수 있는 비인간에 대한 태도를 결정해야 한다. 이 문제가 중요한 이유는 해당 화두가 무엇이 여전히 인간을 인간으로 존재하게 하는지와 관련된 문제이기 때문이다.

위의 내용은 마지막 태도와 큰 연관이 있기 때문에, 이야기를 진행하기 전, 세 번째 주제를 먼저 이야기할텐데 이는 사람에 대한 태도다.

'n번방의 사건'에서 볼 수 있듯이 기술이 발달함에 있어 많은 논의가 진행되고 있는 부분 중의 하나가 '성sex'과 관련된 것이다. 최근 들어서는 '리얼돌'이라는 인간을 본 따 만든 성인 용품에 대한 찬반논의가 있는데, 이를 반대하는 입장에서는 해당 용품이 인권의 문제와 결부되어져 있다고 설명한다.

누군가를 '대상화'하여 구체적으로 성적도구를 만들어야 할 이유가 존재하지 않으며, 인간의 형태를 모방한 로봇들은 '동의'를 구할 수 없다는 지점에서 성폭행에 가까운데다 신체를 심각하게 훼손하는 등 가학성을 표출하는 통로가 된다는 점에서 위험성을 가지고 있다고 말한다. 즉, 가학성을 표출하는 통로가 될 수 있다는 것이다.[13]

'n번방 사건'도 그런 관점에서 보면 얼마나 심각한 일인지 알 수 있다. 어린이와 여성을 성상품화하여 영상으로만 봤기에 문제가 덜한 것이 아니라 보는 행위 자체가 가학성 표출의 통로가 된다.

이 이야기를 꺼낸 것은 해당 논의에 대한 가치 판단 이전에 우리가 생각해보아야 할 중요한 논의점이 존재하기 때문이다. 나는 여기에서 다시 '두 번째 태도'가 던진 화두를 꺼내고자 한다.

◇◇◇◇◇◇◇◇◇◇◇◇◇

13) Bates, Laura. "The Trouble with Sex Robots." The New York Times, 2017.07.17.

무엇이 인간을 여전히 인간으로 존재하게 하는가.

디트로이트 비컴 휴먼이라는 게임의 인간은 안드로이드를 철저하게 물건으로 대했다. 피만 파란색 (게임 내 안드로이드는 파란색 액체를 가지고 있다.)일 뿐이지, 인간과 완전히 같은 이들을 인간처럼 생명이 없는 '물건'이기에 그 어떠한 제재도 가하지 않았다. 그들이 인공지능을 대한 태도는 멸시였고 혐오였다. 인간에게는 저지를 수 없는 온갖 폭력을 사용해도 괜찮은 무언가.

그러나 우리는 정말 인공지능을 대한 그들의 태도가 오로지 '로봇'에게만 국한될 수 있을 거라고 장담할 수 있나? 우리와 완전히 같은 모습, 같은 크기, 심지어는 감정까지 가진 무언가에게 가해지는 폭력성이 인간을 대하는 태도를 결정짓는 것에 영향을 끼치지 않을 것이라 단언할 수 있는가?

리얼돌의 문제를 꼬집은 논문에서는 성범죄자들은 흔히 성범죄에 대한 판타지를 가지고 있고, 이러한 판타지를 '현실화'하는 단계에서 매우 부정적인 결과가 나왔음을 서술했다.[14]
단순히 인간과 같은 모양의 '인형'을 통해서도 일어나는 문제들이, 인

---

14) Hazelwood, Investigation Robert R and Janet I Warren. "The Relevance of Fantasy in Serial Sexual Crimes Investigation." In Practical Aspects of Rape Investigation, 95-106: CRC Press, 2008.

간과 닮은데다 감정까지 느끼나 '동의'하지 않은 명령에도 수긍할 수밖에 없는 로봇을 통하면 얼마나 더 실제로 전환될 수 있는지 생각해 보아라.

우리는 인간이 상상조차 못할 끔찍한 범죄를 저질렀을 때, 그 사람을 '금수만도 못하다'고 표현하며 '너는 사람도 아니야!'라고 손가락질한다. 인간을 여전히 인간으로 존재하게 하는 것은 생각을 할 수 있는 지능이나, 수억개의 신경을 움직일 수 있는 능력 등이 아니다. 인간을 인공지능과 구분할 수 있는 가치적 지점 역시 여기에 존재한다.

우리는 명확하게 타인과 어떻게 관계를 맺어야 하는지 알고 있어야 하고, 바람직한 태도를 자연스럽게 습득하고 있어야 한다. 굳이 인지하며 지적하지 않아도 될 정도로 사회에 해당 내용이 퍼져있어야지만, 우리가 지금까지 자부해왔던 그 '인간'으로 남아있을 수 있다.

확실히 현재 우리가 가지고 있는 기술의 현황을 보았을 때 해당 미래가 아주 먼 미래일 수도 있다. 우리 모두가 죽고 우리 아이들이 죽을 때 까지도 이렇게 인간과 똑같은 존재가 생겨나지 않을 수 있다. 그러나 그게 우리가 이러한 고민들을 미루어 두고 생각하지 않을 이유는 되지 않는다.

인간 사회에서 계급이라는 관념을 표면적으로 없애기 위해서 우리는 몇백년의 시간을 사용했다. 표면적으로 없어진 것이지 아직도 인간은 현재도 아직 완전히 계급이라는 문제적 관념을 떨쳐내지 못했다. 생명의 중요성과 사회적 공동체의 규범이라는 큰 가치적 문제를 두고 있는 사형제도는 아직까지도 논의가 끝나지 않았다.

인정해야한다. 인간은 복잡하다. 그리고 느리다. 기술이 발전을 하는 속도보다 인간의 사고는 느리며, 심지어 그게 한 사람이 아니라 사회의 다수가 합의를 하는 지점까지 도달하기 위해서는 아주 오랜 시간이 걸린다.

우리는 지금 가보지 않은 길 앞에 서있고 아무리 모두가 장담한다고 해도 미래는 어떤 속도로 어떤 모양으로 다가올지 알 수 없다. 만약 시작조차 하지 않았다면, 이런 말을 할 이유도 없다. 그러나 당신도 나도, 우리가 상상하던 수준의 대단한 SF적 세상에 존재하는 것은 아니지만 이미 그 출발선을 지났다.

로봇청소기와 AI 면접, 나의 심박수를 확인해주는 스마트 워치 등 약한 인공지능 사이에 둘러쌓인 생활을 하는 우리는 이제 조금씩이라도 준비를 할 때가 되었다. 나에 대한 고민을 하고, 나를 둘러싼 타인과의 관계성에 대해 생각하며, 크게는 시대의 흐름을 보려고 '시작'이라도 해야한다.

이 많은 페이지에서 여러 사람들의 생각과 사회적 논의 등을 끌고 와서 하고자 하는 말은 사실 매우 간단하다.

Chapter 7.

당신에게 하고 싶은 말
행복해요, 제발

사느라고 애들 쓴다.
오늘은 시도 읽지 말고 모두 그냥 쉬어라.
맑은 가을 하늘가에 서서
시드는 햇볕이나 발로 툭툭 차며 놀아라.

-김용택 [쉬는 날]

'행복하자.'

우리가 원하는 사회 또한 사실 그렇게 거창하지 않다. 우리는 그저 상식이 통하는 사회를 만들고 싶었다. 선한 마음으로 삶을 살아가는 이를 손쉽게 '호구'라고 말하며 그 노력을 미련한 것으로 치부하지 않는 사회가 되기를 바랐다. 남을 짓밟고 빼앗아야만 성장하는 곳이 아니라, 함께 나누는 것이 도리어 그 사람에게 이득을 주는 구조를 만들고 싶을 뿐이다. 왜냐하면, 현재 우리가 그런 것에서 힘들어 하고 느끼고 있으니까.

당신이 얼마나 애를 쓰고 살아가고 있는지 안다. 당신의 어깨에 얼마나 많은 짐이 놓여있는지 안다. 매일의 삶에 지친다는 것을 안다. 그래서 우리는 당신에게 또 어떤 고귀한 이념과 신념을 얹어주고 싶지 않다.

그저 당신이 행복해졌으면 좋겠다. 당신과 하는 데이트를 통해서 소소하게 자신에게 감동했으면 좋겠고, 파트너 링커의 태도를 통해 만들어진 연결고리 속에서 지지받고 힘을 얻기를 바란다. 나도 당신도 '왜 힘든데 그렇게 버티고 있어요?'라는 물음에 '행복해지려고요.'라고 답한 사람들이니까.

미래 저널

높은 9번째 지능과 서번트 리더십으로
이타적인 큰 그림을 그리는 방법

미래 저널

Date: _____

제 4차 산업혁명시대의 거대한 파도 속에서 빅픽처, SQ, 서번트리더십의 역량을 키워 시대의 큰 파도를 마음껏 즐길 수 있는 새 시대 서퍼(surfer)가 양성되는 그 날까지

● 사람, 동물, 식물, 미생물, 자연, 현상에 대한 감사거리를 3가지 적어보세요.

_____

_____

_____

● 나는 누구인가요? (나는 '김철수'입니다. 나는 학생입니다. 그런 것 말고요...)

_____

● 세상에 선한 영향력을 미친 한 사람을 선정해봐요. (이름 / 선정이유)

이름: _____

선정이유: _____

● 오늘 친구나 가족과 함께 시간 가는 줄 모르는 놀이를 했으면 그것을 적어보세요.

_____

● 오늘 왜 공부를 하는지, 왜 사는지, 왜 그 일을 하는지를 생각해본 적이 있으면 나름대로 얻어낸 답을 하나라도 적어보세요.

_____

● **오늘 화가 나는 일이 있었다면 가장 화난 일을 적어보세요.**

● 아래 내용 중에서 오늘 내가 노력해본 것이 있으면 왼쪽에 체크 표시를 하세요.

☐ 겸손	☐ 편견을 없애려고 함	☐ 주어진 일을 마무리 함
☐ 남의 유익 생각	☐ 외모로 판단하지 않음	☐ 이해하며 귀기울여 들음
☐ 남을 감싸주려고 함	☐ 어려운 사람을 도움	☐ 다른 사람의 생각을 소중하게 여김
☐ 시기 질투하지 않으려고 함	☐ 느긋하려고 함	☐ 남의 정신적, 육체적 건강을 돌봄
☐ 남을 불쌍히 여김	☐ 꾸준함과 지속성 노력	☐ 내 장점과 단점 파악해 봄
☐ 남을 존중함	☐ 실망하지 않으려고 함	☐ 남들에게 좋은 일을 하자고 설득
☐ 비판하지 않으려고 함	☐ 잘난 체 하지 않으려 함	☐ 내가 갖고 있는 것을 남들과 나눔
☐ 남이 성장하도록 도움		

미래 저널

Date: _____

제 4차 산업혁명시대의 거대한 파도 속에서 빅픽처, SQ, 서번트리더십의 역량을 키워 시대의 큰 파도를 마음껏 즐길 수 있는 새 시대 서퍼(surfer)가 양성되는 그 날까지

● 사람, 동물, 식물, 미생물, 자연, 현상에 대한 감사거리를 3가지 적어보세요.

_____

_____

_____

● 나는 누구인가요? (나는 '김철수'입니다. 나는 학생입니다. 그런 것 말고요...)

_____

● 세상에 선한 영향력을 미친 한 사람을 선정해봐요. (이름 / 선정이유)

이름: _____

선정이유: _____

● 오늘 친구나 가족과 함께 시간 가는 줄 모르는 놀이를 했으면 그것을 적어보세요.

_____

● 오늘 왜 공부를 하는지, 왜 사는지, 왜 그 일을 하는지를 생각해본 적이 있으면 나름대로 얻어낸 답을 하나라도 적어보세요.

_____

● **오늘 화가 나는 일이 있었다면 가장 화난 일을 적어보세요.**

_____

● 아래 내용 중에서 오늘 내가 노력해본 것이 있으면 왼쪽에 체크 표시를 하세요.

☐ 겸손	☐ 편견을 없애려고 함	☐ 주어진 일을 마무리 함
☐ 남의 유익 생각	☐ 외모로 판단하지 않음	☐ 이해하며 귀기울여 들음
☐ 남을 감싸주려고 함	☐ 어려운 사람을 도움	☐ 다른 사람의 생각을 소중하게 여김
☐ 시기 질투하지 않으려고 함	☐ 느긋하려고 함	☐ 남의 정신적, 육체적 건강을 돌봄
☐ 남을 불쌍히 여김	☐ 꾸준함과 지속성 노력	☐ 내 장점과 단점 파악해 봄
☐ 남을 존중함	☐ 실망하지 않으려고 함	☐ 남들에게 좋은 일을 하자고 설득
☐ 비판하지 않으려고 함	☐ 잘난 체 하지 않으려 함	☐ 내가 갖고 있는 것을 남들과 나눔
☐ 남이 성장하도록 도움		

미래 저널

Date: _____

제 4차 산업혁명시대의 거대한 파도 속에서 빅픽처, SQ, 서번트리더십의
역량을 키워 시대의 큰 파도를 마음껏 즐길 수 있는 새 시대 서퍼(surfer)
가 양성되는 그 날까지

● 사람, 동물, 식물, 미생물, 자연, 현상에 대한 감사거리를 3가지 적어보세요.

_____

_____

_____

● 나는 누구인가요? (나는 '김철수'입니다. 나는 학생입니다. 그런 것 말고요...)

_____

● 세상에 선한 영향력을 미친 한 사람을 선정해봐요. (이름 / 선정이유)

이름: _____

선정이유: _____

● 오늘 친구나 가족과 함께 시간 가는 줄 모르는 놀이를 했으면 그것을 적어보세요.

_____

● 오늘 왜 공부를 하는지, 왜 사는지, 왜 그 일을 하는지를 생각해본 적이 있으면
   나름대로 얻어낸 답을 하나라도 적어보세요.

_____

● 오늘 화가 나는 일이 있었다면 가장 화난 일을 적어보세요.

_____

● 아래 내용 중에서 오늘 내가 노력해본 것이 있으면 왼쪽에 체크 표시를 하세요.

☐ 겸손	☐ 편견을 없애려고 함	☐ 주어진 일을 마무리 함
☐ 남의 유익 생각	☐ 외모로 판단하지 않음	☐ 이해하며 귀기울여 들음
☐ 남을 감싸주려고 함	☐ 어려운 사람을 도움	☐ 다른 사람의 생각을 소중하게 여김
☐ 시기 질투하지 않으려고 함	☐ 느긋하려고 함	☐ 남의 정신적, 육체적 건강을 돌봄
☐ 남을 불쌍히 여김	☐ 꾸준함과 지속성 노력	☐ 내 장점과 단점 파악해 봄
☐ 남을 존중함	☐ 실망하지 않으려고 함	☐ 남들에게 좋은 일을 하자고 설득
☐ 비판하지 않으려고 함	☐ 잘난 체 하지 않으려 함	☐ 내가 갖고 있는 것을 남들과 나눔
☐ 남이 성장하도록 도움		

미래 저널

Date: _____

제 4차 산업혁명시대의 거대한 파도 속에서 빅픽처, SQ, 서번트리더십의 역량을 키워 시대의 큰 파도를 마음껏 즐길 수 있는 새 시대 서퍼(surfer)가 양성되는 그 날까지

● 사람, 동물, 식물, 미생물, 자연, 현상에 대한 감사거리를 3가지 적어보세요.

_____

_____

● 나는 누구인가요? (나는 '김철수'입니다. 나는 학생입니다. 그런 것 말고요...)

_____

● 세상에 선한 영향력을 미친 한 사람을 선정해봐요. (이름 / 선정이유)

이름: _____

선정이유: _____

● 오늘 친구나 가족과 함께 시간 가는 줄 모르는 놀이를 했으면 그것을 적어보세요.

_____

● 오늘 왜 공부를 하는지, 왜 사는지, 왜 그 일을 하는지를 생각해본 적이 있으면 나름대로 얻어낸 답을 하나라도 적어보세요.

_____

● 오늘 화가 나는 일이 있었다면 가장 화난 일을 적어보세요.

_____

● 아래 내용 중에서 오늘 내가 노력해본 것이 있으면 왼쪽에 체크 표시를 하세요.

☐ 겸손	☐ 편견을 없애려고 함	☐ 주어진 일을 마무리 함
☐ 남의 유익 생각	☐ 외모로 판단하지 않음	☐ 이해하며 귀기울여 들음
☐ 남을 감싸주려고 함	☐ 어려운 사람을 도움	☐ 다른 사람의 생각을 소중하게 여김
☐ 시기 질투하지 않으려고 함	☐ 느긋하려고 함	☐ 남의 정신적, 육체적 건강을 돌봄
☐ 남을 불쌍히 여김	☐ 꾸준함과 지속성 노력	☐ 내 장점과 단점 파악해 봄
☐ 남을 존중함	☐ 실망하지 않으려고 함	☐ 남들에게 좋은 일을 하자고 설득
☐ 비판하지 않으려고 함	☐ 잘난 체 하지 않으려 함	☐ 내가 갖고 있는 것을 남들과 나눔
☐ 남이 성장하도록 도움		

미래 저널

Date: _____

제 4차 산업혁명시대의 거대한 파도 속에서 빅픽처, SQ, 서번트리더십의 역량을 키워 시대의 큰 파도를 마음껏 즐길 수 있는 새 시대 서퍼(surfer)가 양성되는 그 날까지

● 사람, 동물, 식물, 미생물, 자연, 현상에 대한 감사거리를 3가지 적어보세요.

_____

_____

_____

● 나는 누구인가요? (나는 '김철수'입니다. 나는 학생입니다. 그런 것 말고요...)

_____

● 세상에 선한 영향력을 미친 한 사람을 선정해봐요. (이름 / 선정이유)

이름: _____

선정이유: _____

● 오늘 친구나 가족과 함께 시간 가는 줄 모르는 놀이를 했으면 그것을 적어보세요.

_____

● 오늘 왜 공부를 하는지, 왜 사는지, 왜 그 일을 하는지를 생각해본 적이 있으면 나름대로 얻어낸 답을 하나라도 적어보세요.

_____

● 오늘 화가 나는 일이 있었다면 가장 화난 일을 적어보세요.

_____

● 아래 내용 중에서 오늘 내가 노력해본 것이 있으면 왼쪽에 체크 표시를 하세요.

☐ 겸손	☐ 편견을 없애려고 함	☐ 주어진 일을 마무리 함
☐ 남의 유익 생각	☐ 외모로 판단하지 않음	☐ 이해하며 귀기울여 들음
☐ 남을 감싸주려고 함	☐ 어려운 사람을 도움	☐ 다른 사람의 생각을 소중하게 여김
☐ 시기 질투하지 않으려고 함	☐ 느긋하려고 함	☐ 남의 정신적, 육체적 건강을 돌봄
☐ 남을 불쌍히 여김	☐ 꾸준함과 지속성 노력	☐ 내 장점과 단점 파악해 봄
☐ 남을 존중함	☐ 실망하지 않으려고 함	☐ 남들에게 좋은 일을 하자고 설득
☐ 비판하지 않으려고 함	☐ 잘난 체 하지 않으려 함	☐ 내가 갖고 있는 것을 남들과 나눔
☐ 남이 성장하도록 도움		

미래 저널

Date: _____

제 4차 산업혁명시대의 거대한 파도 속에서 빅픽처, SQ, 서번트리더십의 역량을 키워 시대의 큰 파도를 마음껏 즐길 수 있는 새 시대 서퍼(surfer)가 양성되는 그 날까지

● 사람, 동물, 식물, 미생물, 자연, 현상에 대한 감사거리를 3가지 적어보세요.

_____

_____

_____

● 나는 누구인가요? (나는 '김철수'입니다. 나는 학생입니다. 그런 것 말고요...)

_____

● 세상에 선한 영향력을 미친 한 사람을 선정해봐요. (이름 / 선정이유)

이름: _____

선정이유: _____

● 오늘 친구나 가족과 함께 시간 가는 줄 모르는 놀이를 했으면 그것을 적어보세요.

_____

● 오늘 왜 공부를 하는지, 왜 사는지, 왜 그 일을 하는지를 생각해본 적이 있으면 나름대로 얻어낸 답을 하나라도 적어보세요.

_____

● 오늘 화가 나는 일이 있었다면 가장 화난 일을 적어보세요.

_____

● 아래 내용 중에서 오늘 내가 노력해본 것이 있으면 왼쪽에 체크 표시를 하세요.

☐ 겸손	☐ 편견을 없애려고 함	☐ 주어진 일을 마무리 함
☐ 남의 유익 생각	☐ 외모로 판단하지 않음	☐ 이해하며 귀기울여 들음
☐ 남을 감싸주려고 함	☐ 어려운 사람을 도움	☐ 다른 사람의 생각을 소중하게 여김
☐ 시기 질투하지 않으려고 함	☐ 느긋하려고 함	☐ 남의 정신적, 육체적 건강을 돌봄
☐ 남을 불쌍히 여김	☐ 꾸준함과 지속성 노력	☐ 내 장점과 단점 파악해 봄
☐ 남을 존중함	☐ 실망하지 않으려고 함	☐ 남들에게 좋은 일을 하자고 설득
☐ 비판하지 않으려고 함	☐ 잘난 체 하지 않으려 함	☐ 내가 갖고 있는 것을 남들과 나눔
☐ 남이 성장하도록 도움		

미래 저널

Date: _____

제 4차 산업혁명시대의 거대한 파도 속에서 빅픽처, SQ, 서번트리더십의
역량을 키워 시대의 큰 파도를 마음껏 즐길 수 있는 새 시대 서퍼(surfer)
가 양성되는 그 날까지

● 사람, 동물, 식물, 미생물, 자연, 현상에 대한 감사거리를 3가지 적어보세요.

● 나는 누구인가요? (나는 '김철수'입니다. 나는 학생입니다. 그런 것 말고요...)

● 세상에 선한 영향력을 미친 한 사람을 선정해봐요. (이름 / 선정이유)

이름:

선정이유:

● 오늘 친구나 가족과 함께 시간 가는 줄 모르는 놀이를 했으면 그것을 적어보세요.

● 오늘 왜 공부를 하는지, 왜 사는지, 왜 그 일을 하는지를 생각해본 적이 있으면
나름대로 얻어낸 답을 하나라도 적어보세요.

● 오늘 화가 나는 일이 있었다면 가장 화난 일을 적어보세요.

● 아래 내용 중에서 오늘 내가 노력해본 것이 있으면 왼쪽에 체크 표시를 하세요.

☐ 겸손	☐ 편견을 없애려고 함	☐ 주어진 일을 마무리 함
☐ 남의 유익 생각	☐ 외모로 판단하지 않음	☐ 이해하며 귀기울여 들음
☐ 남을 감싸주려고 함	☐ 어려운 사람을 도움	☐ 다른 사람의 생각을 소중하게 여김
☐ 시기 질투하지 않으려고 함	☐ 느긋하려고 함	☐ 남의 정신적, 육체적 건강을 돌봄
☐ 남을 불쌍히 여김	☐ 꾸준함과 지속성 노력	☐ 내 장점과 단점 파악해 봄
☐ 남을 존중함	☐ 실망하지 않으려고 함	☐ 남들에게 좋은 일을 하자고 설득
☐ 비판하지 않으려고 함	☐ 잘난 체 하지 않으려 함	☐ 내가 갖고 있는 것을 남들과 나눔
☐ 남이 성장하도록 도움		

파트너 링커 저널
Partner Linker Journal

Date: _____

실천 내용	서번트 리더십 10가지 특성	오늘 나의 실천 내용 적어보기
겸손과 섬김	청지기 정신, 이웃의 성장에 헌신, 공동체 세우기	
남의 유익을 생각함	공감, 청지기 정신, 이웃의 성장에 헌신, 공동체 세우기	
감싸주려고 함	공감, 치유, 이웃의 성장에 헌신, 공동체 세우기	
느긋하려고 함	개념화, 미래보기	
시기 질투하지 않으려고 함	인지, 이웃의 성장에 헌신, 공동체 세우기	
잘난 체 하지 않으려고 함	-	
주어진 일을 해내려고 함	청지기 정신, 이웃의 성장에 헌신, 공동체 세우기	

조직이나 집단의 지도자나 방향에 따르려고 함	경청, 공감, 인지, 개념화, 공동체 세우기
이해하며 귀기울여 들음	경청, 공감
다른 사람의 생각을 소중하게 여김	경청, 공감, 치유, 이웃의 성장에 헌신, 공동체 세우기
세상에서 벌어지는 일에 관심	인지, 개념화, 미래보기
이웃의 정신적, 육체적 건강을 돌봄	치유
내가 갖고 있는 것을 다른 사람과 나눔	청지기 정신
사람들과 좋은 일을 함께 하도록 설득 및 권면	설득
내 장점과 단점 파악	인지

미래 저널

Date: _____

제 4차 산업혁명시대의 거대한 파도 속에서 빅픽처, SQ, 서번트리더십의
역량을 키워 시대의 큰 파도를 마음껏 즐길 수 있는 새 시대 서퍼(surfer)
가 양성되는 그 날까지

● 사람, 동물, 식물, 미생물, 자연, 현상에 대한 감사거리를 3가지 적어보세요.

_____

_____

_____

● 나는 누구인가요? (나는 '김철수'입니다. 나는 학생입니다. 그런 것 말고요...)

_____

● 세상에 선한 영향력을 미친 한 사람을 선정해봐요. (이름 / 선정이유)

이름:

선정이유:

● 오늘 친구나 가족과 함께 시간 가는 줄 모르는 놀이를 했으면 그것을 적어보세요.

_____

● 오늘 왜 공부를 하는지, 왜 사는지, 왜 그 일을 하는지를 생각해본 적이 있으면
  나름대로 얻어낸 답을 하나라도 적어보세요.

_____

● **오늘 화가 나는 일이 있었다면 가장 화난 일을 적어보세요.**

_____

● 아래 내용 중에서 오늘 내가 노력해본 것이 있으면 왼쪽에 체크 표시를 하세요.

☐ 겸손	☐ 편견을 없애려고 함	☐ 주어진 일을 마무리 함
☐ 남의 유익 생각	☐ 외모로 판단하지 않음	☐ 이해하며 귀기울여 들음
☐ 남을 감싸주려고 함	☐ 어려운 사람을 도움	☐ 다른 사람의 생각을 소중하게 여김
☐ 시기 질투하지 않으려고 함	☐ 느긋하려고 함	☐ 남의 정신적, 육체적 건강을 돌봄
☐ 남을 불쌍히 여김	☐ 꾸준함과 지속성 노력	☐ 내 장점과 단점 파악해 봄
☐ 남을 존중함	☐ 실망하지 않으려고 함	☐ 남들에게 좋은 일을 하자고 설득
☐ 비판하지 않으려고 함	☐ 잘난 체 하지 않으려 함	☐ 내가 갖고 있는 것을 남들과 나눔
☐ 남이 성장하도록 도움		

미래 저널

Date: _____

제 4차 산업혁명시대의 거대한 파도 속에서 빅픽처, SQ, 서번트리더십의
역량을 키워 시대의 큰 파도를 마음껏 즐길 수 있는 새 시대 서퍼(surfer)
가 양성되는 그 날까지

● 사람, 동물, 식물, 미생물, 자연, 현상에 대한 감사거리를 3가지 적어보세요.

_____

_____

_____

● 나는 누구인가요? (나는 '김철수'입니다. 나는 학생입니다. 그런 것 말고요...)

_____

● 세상에 선한 영향력을 미친 한 사람을 선정해봐요. (이름 / 선정이유)

이름: _____

선정이유: _____

● 오늘 친구나 가족과 함께 시간 가는 줄 모르는 놀이를 했으면 그것을 적어보세요.

_____

● 오늘 왜 공부를 하는지, 왜 사는지, 왜 그 일을 하는지를 생각해본 적이 있으면
  나름대로 얻어낸 답을 하나라도 적어보세요.

_____

● 오늘 화가 나는 일이 있었다면 가장 화난 일을 적어보세요.

_____

● 아래 내용 중에서 오늘 내가 노력해본 것이 있으면 왼쪽에 체크 표시를 하세요.

☐ 겸손	☐ 편견을 없애려고 함	☐ 주어진 일을 마무리 함
☐ 남의 유익 생각	☐ 외모로 판단하지 않음	☐ 이해하며 귀기울여 들음
☐ 남을 감싸주려고 함	☐ 어려운 사람을 도움	☐ 다른 사람의 생각을 소중하게 여김
☐ 시기 질투하지 않으려고 함	☐ 느긋하려고 함	☐ 남의 정신적, 육체적 건강을 돌봄
☐ 남을 불쌍히 여김	☐ 꾸준함과 지속성 노력	☐ 내 장점과 단점 파악해 봄
☐ 남을 존중함	☐ 실망하지 않으려고 함	☐ 남들에게 좋은 일을 하자고 설득
☐ 비판하지 않으려고 함	☐ 잘난 체 하지 않으려 함	☐ 내가 갖고 있는 것을 남들과 나눔
☐ 남이 성장하도록 도움		

미래 저널

Date: _____

제 4차 산업혁명시대의 거대한 파도 속에서 빅픽처, SQ, 서번트리더십의
역량을 키워 시대의 큰 파도를 마음껏 즐길 수 있는 새 시대 서퍼(surfer)
가 양성되는 그 날까지

● 사람, 동물, 식물, 미생물, 자연, 현상에 대한 감사거리를 3가지 적어보세요.

_____

_____

_____

● 나는 누구인가요? (나는 '김철수'입니다. 나는 학생입니다. 그런 것 말고요...)

_____

● 세상에 선한 영향력을 미친 한 사람을 선정해봐요. (이름 / 선정이유)

이름:

선정이유:

● 오늘 친구나 가족과 함께 시간 가는 줄 모르는 놀이를 했으면 그것을 적어보세요.

_____

● 오늘 왜 공부를 하는지, 왜 사는지, 왜 그 일을 하는지를 생각해본 적이 있으면
  나름대로 얻어낸 답을 하나라도 적어보세요.

_____

● 오늘 화가 나는 일이 있었다면 가장 화난 일을 적어보세요.

_____

● 아래 내용 중에서 오늘 내가 노력해본 것이 있으면 왼쪽에 체크 표시를 하세요.

☐ 겸손	☐ 편견을 없애려고 함	☐ 주어진 일을 마무리 함
☐ 남의 유익 생각	☐ 외모로 판단하지 않음	☐ 이해하며 귀기울여 들음
☐ 남을 감싸주려고 함	☐ 어려운 사람을 도움	☐ 다른 사람의 생각을 소중하게 여김
☐ 시기 질투하지 않으려고 함	☐ 느긋하려고 함	☐ 남의 정신적, 육체적 건강을 돌봄
☐ 남을 불쌍히 여김	☐ 꾸준함과 지속성 노력	☐ 내 장점과 단점 파악해 봄
☐ 남을 존중함	☐ 실망하지 않으려고 함	☐ 남들에게 좋은 일을 하자고 설득
☐ 비판하지 않으려고 함	☐ 잘난 체 하지 않으려 함	☐ 내가 갖고 있는 것을 남들과 나눔
☐ 남이 성장하도록 도움		

미래 저널

Date: _____

제 4차 산업혁명시대의 거대한 파도 속에서 빅픽처, SQ, 서번트리더십의 역량을 키워 시대의 큰 파도를 마음껏 즐길 수 있는 새 시대 서퍼(surfer)가 양성되는 그 날까지

● 사람, 동물, 식물, 미생물, 자연, 현상에 대한 감사거리를 3가지 적어보세요.

_____

_____

_____

● 나는 누구인가요? (나는 '김철수'입니다. 나는 학생입니다. 그런 것 말고요...)

_____

● 세상에 선한 영향력을 미친 한 사람을 선정해봐요. (이름 / 선정이유)

이름: _____

선정이유: _____

● 오늘 친구나 가족과 함께 시간 가는 줄 모르는 놀이를 했으면 그것을 적어보세요.

_____

● 오늘 왜 공부를 하는지, 왜 사는지, 왜 그 일을 하는지를 생각해본 적이 있으면 나름대로 얻어낸 답을 하나라도 적어보세요.

_____

● **오늘 화가 나는 일이 있었다면 가장 화난 일을 적어보세요.**

_____

● 아래 내용 중에서 오늘 내가 노력해본 것이 있으면 왼쪽에 체크 표시를 하세요.

☐ 겸손	☐ 편견을 없애려고 함	☐ 주어진 일을 마무리 함
☐ 남의 유익 생각	☐ 외모로 판단하지 않음	☐ 이해하며 귀기울여 들음
☐ 남을 감싸주려고 함	☐ 어려운 사람을 도움	☐ 다른 사람의 생각을 소중하게 여김
☐ 시기 질투하지 않으려고 함	☐ 느긋하려고 함	☐ 남의 정신적, 육체적 건강을 돌봄
☐ 남을 불쌍히 여김	☐ 꾸준함과 지속성 노력	☐ 내 장점과 단점 파악해 봄
☐ 남을 존중함	☐ 실망하지 않으려고 함	☐ 남들에게 좋은 일을 하자고 설득
☐ 비판하지 않으려고 함	☐ 잘난 체 하지 않으려 함	☐ 내가 갖고 있는 것을 남들과 나눔
☐ 남이 성장하도록 도움		

미래 저널

제 4차 산업혁명시대의 거대한 파도 속에서 빅픽처, SQ, 서번트리더십의
역량을 키워 시대의 큰 파도를 마음껏 즐길 수 있는 새 시대 서퍼(surfer)
가 양성되는 그 날까지

● 사람, 동물, 식물, 미생물, 자연, 현상에 대한 감사거리를 3가지 적어보세요.

_____

_____

_____

● 나는 누구인가요? (나는 '김철수'입니다. 나는 학생입니다. 그런 것 말고요...)

_____

● 세상에 선한 영향력을 미친 한 사람을 선정해봐요. (이름 / 선정이유)

이름: _____

선정이유: _____

● 오늘 친구나 가족과 함께 시간 가는 줄 모르는 놀이를 했으면 그것을 적어보세요.

_____

● 오늘 왜 공부를 하는지, 왜 사는지, 왜 그 일을 하는지를 생각해본 적이 있으면
　나름대로 얻어낸 답을 하나라도 적어보세요.

_____

● 오늘 화가 나는 일이 있었다면 가장 화난 일을 적어보세요.

_____

● 아래 내용 중에서 오늘 내가 노력해본 것이 있으면 왼쪽에 체크 표시를 하세요.

☐ 겸손	☐ 편견을 없애려고 함	☐ 주어진 일을 마무리 함
☐ 남의 유익 생각	☐ 외모로 판단하지 않음	☐ 이해하며 귀기울여 들음
☐ 남을 감싸주려고 함	☐ 어려운 사람을 도움	☐ 다른 사람의 생각을 소중하게 여김
☐ 시기 질투하지 않으려고 함	☐ 느긋하려고 함	☐ 남의 정신적, 육체적 건강을 돌봄
☐ 남을 불쌍히 여김	☐ 꾸준함과 지속성 노력	☐ 내 장점과 단점 파악해 봄
☐ 남을 존중함	☐ 실망하지 않으려고 함	☐ 남들에게 좋은 일을 하자고 설득
☐ 비판하지 않으려고 함	☐ 잘난 체 하지 않으려 함	☐ 내가 갖고 있는 것을 남들과 나눔
☐ 남이 성장하도록 도움		

미래 저널

Date: _____

제 4차 산업혁명시대의 거대한 파도 속에서 빅픽처, SQ, 서번트리더십의 역량을 키워 시대의 큰 파도를 마음껏 즐길 수 있는 새 시대 서퍼(surfer)가 양성되는 그 날까지

● 사람, 동물, 식물, 미생물, 자연, 현상에 대한 감사거리를 3가지 적어보세요.

_____

_____

_____

● 나는 누구인가요? (나는 '김철수'입니다. 나는 학생입니다. 그런 것 말고요...)

_____

● 세상에 선한 영향력을 미친 한 사람을 선정해봐요. (이름 / 선정이유)

이름: _____

선정이유: _____

● 오늘 친구나 가족과 함께 시간 가는 줄 모르는 놀이를 했으면 그것을 적어보세요.

_____

● 오늘 왜 공부를 하는지, 왜 사는지, 왜 그 일을 하는지를 생각해본 적이 있으면 나름대로 얻어낸 답을 하나라도 적어보세요.

_____

● **오늘 화가 나는 일이 있었다면** 가장 화난 일을 적어보세요.

_____

● 아래 내용 중에서 오늘 내가 노력해본 것이 있으면 왼쪽에 체크 표시를 하세요.

☐ 겸손	☐ 편견을 없애려고 함	☐ 주어진 일을 마무리 함
☐ 남의 유익 생각	☐ 외모로 판단하지 않음	☐ 이해하며 귀기울여 들음
☐ 남을 감싸주려고 함	☐ 어려운 사람을 도움	☐ 다른 사람의 생각을 소중하게 여김
☐ 시기 질투하지 않으려고 함	☐ 느긋하려고 함	☐ 남의 정신적, 육체적 건강을 돌봄
☐ 남을 불쌍히 여김	☐ 꾸준함과 지속성 노력	☐ 내 장점과 단점 파악해 봄
☐ 남을 존중함	☐ 실망하지 않으려고 함	☐ 남들에게 좋은 일을 하자고 설득
☐ 비판하지 않으려고 함	☐ 잘난 체 하지 않으려 함	☐ 내가 갖고 있는 것을 남들과 나눔
☐ 남이 성장하도록 도움		

미래 저널

Date: _____

제 4차 산업혁명시대의 거대한 파도 속에서 빅픽처, SQ, 서번트리더십의
역량을 키워 시대의 큰 파도를 마음껏 즐길 수 있는 새 시대 서퍼(surfer)
가 양성되는 그 날까지

● 사람, 동물, 식물, 미생물, 자연, 현상에 대한 감사거리를 3가지 적어보세요.

_____

_____

_____

● 나는 누구인가요? (나는 '김철수'입니다. 나는 학생입니다. 그런 것 말고요...)

_____

● 세상에 선한 영향력을 미친 한 사람을 선정해봐요. (이름 / 선정이유)

이름:

선정이유:

● 오늘 친구나 가족과 함께 시간 가는 줄 모르는 놀이를 했으면 그것을 적어보세요.

_____

● 오늘 왜 공부를 하는지, 왜 사는지, 왜 그 일을 하는지를 생각해본 적이 있으면
  나름대로 얻어낸 답을 하나라도 적어보세요.

_____

● **오늘 화가 나는 일이 있었다면 가장 화난 일을 적어보세요.**

_____

● 아래 내용 중에서 오늘 내가 노력해본 것이 있으면 왼쪽에 체크 표시를 하세요.

☐ 겸손	☐ 편견을 없애려고 함	☐ 주어진 일을 마무리 함
☐ 남의 유익 생각	☐ 외모로 판단하지 않음	☐ 이해하며 귀기울여 들음
☐ 남을 감싸주려고 함	☐ 어려운 사람을 도움	☐ 다른 사람의 생각을 소중하게 여김
☐ 시기 질투하지 않으려고 함	☐ 느긋하려고 함	☐ 남의 정신적, 육체적 건강을 돌봄
☐ 남을 불쌍히 여김	☐ 꾸준함과 지속성 노력	☐ 내 장점과 단점 파악해 봄
☐ 남을 존중함	☐ 실망하지 않으려고 함	☐ 남들에게 좋은 일을 하자고 설득
☐ 비판하지 않으려고 함	☐ 잘난 체 하지 않으려 함	☐ 내가 갖고 있는 것을 남들과 나눔
☐ 남이 성장하도록 도움		

파트너 링커 저널
Partner Linker Journal

Date: _____

실천 내용	서번트 리더십 10가지 특성	오늘 나의 실천 내용 적어보기
겸손과 섬김	청지기 정신, 이웃의 성장에 헌신, 공동체 세우기	
남의 유익을 생각함	공감, 청지기 정신, 이웃의 성장에 헌신, 공동체 세우기	
감싸주려고 함	공감, 치유, 이웃의 성장에 헌신, 공동체 세우기	
느긋하려고 함	개념화, 미래보기	
시기 질투하지 않으려고 함	인지, 이웃의 성장에 헌신, 공동체 세우기	
잘난 체 하지 않으려고 함	-	
주어진 일을 해내려고 함	청지기 정신, 이웃의 성장에 헌신, 공동체 세우기	

조직이나 집단의 지도자나 방향에 따르려고 함	경청, 공감, 인지, 개념화, 공동체 세우기
이해하며 귀기울여 들음	경청, 공감
다른 사람의 생각을 소중하게 여김	경청, 공감, 치유, 이웃의 성장에 헌신, 공동체 세우기
세상에서 벌어지는 일에 관심	인지, 개념화, 미래보기
이웃의 정신적, 육체적 건강을 돌봄	치유
내가 갖고 있는 것을 다른 사람과 나눔	청지기 정신
사람들과 좋은 일을 함께 하도록 설득 및 권면	설득
내 장점과 단점 파악	인지

미래 저널

Date: _____

제 4차 산업혁명시대의 거대한 파도 속에서 빅픽처, SQ, 서번트리더십의 역량을 키워 시대의 큰 파도를 마음껏 즐길 수 있는 새 시대 서퍼(surfer)가 양성되는 그 날까지

● 사람, 동물, 식물, 미생물, 자연, 현상에 대한 감사거리를 3가지 적어보세요.

_____

_____

_____

● 나는 누구인가요? (나는 '김철수'입니다. 나는 학생입니다. 그런 것 말고요...)

_____

● 세상에 선한 영향력을 미친 한 사람을 선정해봐요. (이름 / 선정이유)

이름: _____

선정이유: _____

● 오늘 친구나 가족과 함께 시간 가는 줄 모르는 놀이를 했으면 그것을 적어보세요.

_____

● 오늘 왜 공부를 하는지, 왜 사는지, 왜 그 일을 하는지를 생각해본 적이 있으면 나름대로 얻어낸 답을 하나라도 적어보세요.

_____

● 오늘 화가 나는 일이 있었다면 가장 화난 일을 적어보세요.

_____

● 아래 내용 중에서 오늘 내가 노력해본 것이 있으면 왼쪽에 체크 표시를 하세요.

☐ 겸손	☐ 편견을 없애려고 함	☐ 주어진 일을 마무리 함
☐ 남의 유익 생각	☐ 외모로 판단하지 않음	☐ 이해하며 귀기울여 들음
☐ 남을 감싸주려고 함	☐ 어려운 사람을 도움	☐ 다른 사람의 생각을 소중하게 여김
☐ 시기 질투하지 않으려고 함	☐ 느긋하려고 함	☐ 남의 정신적, 육체적 건강을 돌봄
☐ 남을 불쌍히 여김	☐ 꾸준함과 지속성 노력	☐ 내 장점과 단점 파악해 봄
☐ 남을 존중함	☐ 실망하지 않으려고 함	☐ 남들에게 좋은 일을 하자고 설득
☐ 비판하지 않으려고 함	☐ 잘난 체 하지 않으려 함	☐ 내가 갖고 있는 것을 남들과 나눔
☐ 남이 성장하도록 도움		

미래 저널

제 4차 산업혁명시대의 거대한 파도 속에서 빅픽처, SQ, 서번트리더십의
역량을 키워 시대의 큰 파도를 마음껏 즐길 수 있는 새 시대 서퍼(surfer)
가 양성되는 그 날까지

● 사람, 동물, 식물, 미생물, 자연, 현상에 대한 감사거리를 3가지 적어보세요.

_____

_____

_____

● 나는 누구인가요? (나는 '김철수'입니다. 나는 학생입니다. 그런 것 말고요...)

_____

● 세상에 선한 영향력을 미친 한 사람을 선정해봐요. (이름 / 선정이유)

이름: _____

선정이유: _____

● 오늘 친구나 가족과 함께 시간 가는 줄 모르는 놀이를 했으면 그것을 적어보세요.

_____

● 오늘 왜 공부를 하는지, 왜 사는지, 왜 그 일을 하는지를 생각해본 적이 있으면
  나름대로 얻어낸 답을 하나라도 적어보세요.

_____

● **오늘 화가 나는 일이 있었다면** 가장 화난 일을 적어보세요.

_____

● 아래 내용 중에서 오늘 내가 노력해본 것이 있으면 왼쪽에 체크 표시를 하세요.

☐ 겸손	☐ 편견을 없애려고 함	☐ 주어진 일을 마무리 함
☐ 남의 유익 생각	☐ 외모로 판단하지 않음	☐ 이해하며 귀기울여 들음
☐ 남을 감싸주려고 함	☐ 어려운 사람을 도움	☐ 다른 사람의 생각을 소중하게 여김
☐ 시기 질투하지 않으려고 함	☐ 느긋하려고 함	☐ 남의 정신적, 육체적 건강을 돌봄
☐ 남을 불쌍히 여김	☐ 꾸준함과 지속성 노력	☐ 내 장점과 단점 파악해 봄
☐ 남을 존중함	☐ 실망하지 않으려고 함	☐ 남들에게 좋은 일을 하자고 설득
☐ 비판하지 않으려고 함	☐ 잘난 체 하지 않으려 함	☐ 내가 갖고 있는 것을 남들과 나눔
☐ 남이 성장하도록 도움		

미래 저널

Date: _____

제 4차 산업혁명시대의 거대한 파도 속에서 빅픽처, SQ, 서번트리더십의
역량을 키워 시대의 큰 파도를 마음껏 즐길 수 있는 새 시대 서퍼(surfer)
가 양성되는 그 날까지

● 사람, 동물, 식물, 미생물, 자연, 현상에 대한 감사거리를 3가지 적어보세요.

_____

_____

_____

● 나는 누구인가요? (나는 '김철수'입니다. 나는 학생입니다. 그런 것 말고요...)

_____

● 세상에 선한 영향력을 미친 한 사람을 선정해봐요. (이름 / 선정이유)

이름: _____

선정이유: _____

● 오늘 친구나 가족과 함께 시간 가는 줄 모르는 놀이를 했으면 그것을 적어보세요.

_____

● 오늘 왜 공부를 하는지, 왜 사는지, 왜 그 일을 하는지를 생각해본 적이 있으면
나름대로 얻어낸 답을 하나라도 적어보세요.

_____

● 오늘 화가 나는 일이 있었다면 가장 화난 일을 적어보세요.

_____

● 아래 내용 중에서 오늘 내가 노력해본 것이 있으면 왼쪽에 체크 표시를 하세요.

☐ 겸손	☐ 편견을 없애려고 함	☐ 주어진 일을 마무리 함
☐ 남의 유익 생각	☐ 외모로 판단하지 않음	☐ 이해하며 귀기울여 들음
☐ 남을 감싸주려고 함	☐ 어려운 사람을 도움	☐ 다른 사람의 생각을 소중하게 여김
☐ 시기 질투하지 않으려고 함	☐ 느긋하려고 함	☐ 남의 정신적, 육체적 건강을 돌봄
☐ 남을 불쌍히 여김	☐ 꾸준함과 지속성 노력	☐ 내 장점과 단점 파악해 봄
☐ 남을 존중함	☐ 실망하지 않으려고 함	☐ 남들에게 좋은 일을 하자고 설득
☐ 비판하지 않으려고 함	☐ 잘난 체 하지 않으려 함	☐ 내가 갖고 있는 것을 남들과 나눔
☐ 남이 성장하도록 도움		

미래 저널

Date: _____

제 4차 산업혁명시대의 거대한 파도 속에서 빅픽처, SQ, 서번트리더십의 역량을 키워 시대의 큰 파도를 마음껏 즐길 수 있는 새 시대 서퍼(surfer)가 양성되는 그 날까지

● 사람, 동물, 식물, 미생물, 자연, 현상에 대한 감사거리를 3가지 적어보세요.

_____

_____

_____

● 나는 누구인가요? (나는 '김철수'입니다. 나는 학생입니다. 그런 것 말고요...)

_____

● 세상에 선한 영향력을 미친 한 사람을 선정해봐요. (이름 / 선정이유)

이름: _____

선정이유: _____

● 오늘 친구나 가족과 함께 시간 가는 줄 모르는 놀이를 했으면 그것을 적어보세요.

_____

● 오늘 왜 공부를 하는지, 왜 사는지, 왜 그 일을 하는지를 생각해본 적이 있으면 나름대로 얻어낸 답을 하나라도 적어보세요.

_____

● **오늘 화가 나는 일이 있었다면 가장 화난 일을 적어보세요.**

_____

● 아래 내용 중에서 오늘 내가 노력해본 것이 있으면 왼쪽에 체크 표시를 하세요.

☐ 겸손	☐ 편견을 없애려고 함	☐ 주어진 일을 마무리 함
☐ 남의 유익 생각	☐ 외모로 판단하지 않음	☐ 이해하며 귀기울여 들음
☐ 남을 감싸주려고 함	☐ 어려운 사람을 도움	☐ 다른 사람의 생각을 소중하게 여김
☐ 시기 질투하지 않으려고 함	☐ 느긋하려고 함	☐ 남의 정신적, 육체적 건강을 돌봄
☐ 남을 불쌍히 여김	☐ 꾸준함과 지속성 노력	☐ 내 장점과 단점 파악해 봄
☐ 남을 존중함	☐ 실망하지 않으려고 함	☐ 남들에게 좋은 일을 하자고 설득
☐ 비판하지 않으려고 함	☐ 잘난 체 하지 않으려 함	☐ 내가 갖고 있는 것을 남들과 나눔
☐ 남이 성장하도록 도움		

미래 저널

Date: _____

제 4차 산업혁명시대의 거대한 파도 속에서 빅픽처, SQ, 서번트리더십의 역량을 키워 시대의 큰 파도를 마음껏 즐길 수 있는 새 시대 서퍼(surfer)가 양성되는 그 날까지

● 사람, 동물, 식물, 미생물, 자연, 현상에 대한 감사거리를 3가지 적어보세요.

_____

_____

_____

● 나는 누구인가요? (나는 '김철수'입니다. 나는 학생입니다. 그런 것 말고요...)

_____

● 세상에 선한 영향력을 미친 한 사람을 선정해봐요. (이름 / 선정이유)

이름: _____

선정이유: _____

● 오늘 친구나 가족과 함께 시간 가는 줄 모르는 놀이를 했으면 그것을 적어보세요.

_____

● 오늘 왜 공부를 하는지, 왜 사는지, 왜 그 일을 하는지를 생각해본 적이 있으면 나름대로 얻어낸 답을 하나라도 적어보세요.

_____

● **오늘** 화가 나는 일이 있었다면 가장 화난 일을 적어보세요.

_____

● 아래 내용 중에서 오늘 내가 노력해본 것이 있으면 왼쪽에 체크 표시를 하세요.

☐ 겸손	☐ 편견을 없애려고 함	☐ 주어진 일을 마무리 함
☐ 남의 유익 생각	☐ 외모로 판단하지 않음	☐ 이해하며 귀기울여 들음
☐ 남을 감싸주려고 함	☐ 어려운 사람을 도움	☐ 다른 사람의 생각을 소중하게 여김
☐ 시기 질투하지 않으려고 함	☐ 느긋하려고 함	☐ 남의 정신적, 육체적 건강을 돌봄
☐ 남을 불쌍히 여김	☐ 꾸준함과 지속성 노력	☐ 내 장점과 단점 파악해 봄
☐ 남을 존중함	☐ 실망하지 않으려고 함	☐ 남들에게 좋은 일을 하자고 설득
☐ 비판하지 않으려고 함	☐ 잘난 체 하지 않으려 함	☐ 내가 갖고 있는 것을 남들과 나눔
☐ 남이 성장하도록 도움		

미래 저널

Date: _____

제 4차 산업혁명시대의 거대한 파도 속에서 빅픽처, SQ, 서번트리더십의
역량을 키워 시대의 큰 파도를 마음껏 즐길 수 있는 새 시대 서퍼(surfer)
가 양성되는 그 날까지

● 사람, 동물, 식물, 미생물, 자연, 현상에 대한 감사거리를 3가지 적어보세요.

_____

_____

_____

● 나는 누구인가요? (나는 '김철수'입니다. 나는 학생입니다. 그런 것 말고요...)

_____

● 세상에 선한 영향력을 미친 한 사람을 선정해봐요. (이름 / 선정이유)

이름:

선정이유:

● 오늘 친구나 가족과 함께 시간 가는 줄 모르는 놀이를 했으면 그것을 적어보세요.

_____

● 오늘 왜 공부를 하는지, 왜 사는지, 왜 그 일을 하는지를 생각해본 적이 있으면
  나름대로 얻어낸 답을 하나라도 적어보세요.

_____

● 오늘 화가 나는 일이 있었다면 가장 화난 일을 적어보세요.

_____

● 아래 내용 중에서 오늘 내가 노력해본 것이 있으면 왼쪽에 체크 표시를 하세요.

☐ 겸손	☐ 편견을 없애려고 함	☐ 주어진 일을 마무리 함
☐ 남의 유익 생각	☐ 외모로 판단하지 않음	☐ 이해하며 귀기울여 들음
☐ 남을 감싸주려고 함	☐ 어려운 사람을 도움	☐ 다른 사람의 생각을 소중하게 여김
☐ 시기 질투하지 않으려고 함	☐ 느긋하려고 함	☐ 남의 정신적, 육체적 건강을 돌봄
☐ 남을 불쌍히 여김	☐ 꾸준함과 지속성 노력	☐ 내 장점과 단점 파악해 봄
☐ 남을 존중함	☐ 실망하지 않으려고 함	☐ 남들에게 좋은 일을 하자고 설득
☐ 비판하지 않으려고 함	☐ 잘난 체 하지 않으려 함	☐ 내가 갖고 있는 것을 남들과 나눔
☐ 남이 성장하도록 도움		

미래 저널

제 4차 산업혁명시대의 거대한 파도 속에서 빅픽처, SQ, 서번트리더십의 역량을 키워 시대의 큰 파도를 마음껏 즐길 수 있는 새 시대 서퍼(surfer)가 양성되는 그 날까지

● 사람, 동물, 식물, 미생물, 자연, 현상에 대한 감사거리를 3가지 적어보세요.

_____

_____

_____

● 나는 누구인가요? (나는 '김철수'입니다. 나는 학생입니다. 그런 것 말고요...)

_____

● 세상에 선한 영향력을 미친 한 사람을 선정해봐요. (이름 / 선정이유)

이름:

선정이유:

● 오늘 친구나 가족과 함께 시간 가는 줄 모르는 놀이를 했으면 그것을 적어보세요.

_____

● 오늘 왜 공부를 하는지, 왜 사는지, 왜 그 일을 하는지를 생각해본 적이 있으면 나름대로 얻어낸 답을 하나라도 적어보세요.

_____

● 오늘 화가 나는 일이 있었다면 가장 화난 일을 적어보세요.

_____

● 아래 내용 중에서 오늘 내가 노력해본 것이 있으면 왼쪽에 체크 표시를 하세요.

☐ 겸손	☐ 편견을 없애려고 함	☐ 주어진 일을 마무리 함
☐ 남의 유익 생각	☐ 외모로 판단하지 않음	☐ 이해하며 귀기울여 들음
☐ 남을 감싸주려고 함	☐ 어려운 사람을 도움	☐ 다른 사람의 생각을 소중하게 여김
☐ 시기 질투하지 않으려고 함	☐ 느긋하려고 함	☐ 남의 정신적, 육체적 건강을 돌봄
☐ 남을 불쌍히 여김	☐ 꾸준함과 지속성 노력	☐ 내 장점과 단점 파악해 봄
☐ 남을 존중함	☐ 실망하지 않으려고 함	☐ 남들에게 좋은 일을 하자고 설득
☐ 비판하지 않으려고 함	☐ 잘난 체 하지 않으려 함	☐ 내가 갖고 있는 것을 남들과 나눔
☐ 남이 성장하도록 도움		

파트너 링커 저널
Partner Linker Journal

Date: _____

실천 내용	서번트 리더십 10가지 특성	오늘 나의 실천 내용 적어보기
겸손과 섬김	청지기 정신, 이웃의 성장에 헌신, 공동체 세우기	
남의 유익을 생각함	공감, 청지기 정신, 이웃의 성장에 헌신, 공동체 세우기	
감싸주려고 함	공감, 치유, 이웃의 성장에 헌신, 공동체 세우기	
느긋하려고 함	개념화, 미래보기	
시기 질투하지 않으려고 함	인지, 이웃의 성장에 헌신, 공동체 세우기	
잘난 체 하지 않으려고 함	-	
주어진 일을 해내려고 함	청지기 정신, 이웃의 성장에 헌신, 공동체 세우기	

조직이나 집단의 지도자나 방향에 따르려고 함	경청, 공감, 인지, 개념화, 공동체 세우기
이해하며 귀기울여 들음	경청, 공감
다른 사람의 생각을 소중하게 여김	경청, 공감, 치유, 이웃의 성장에 헌신, 공동체 세우기
세상에서 벌어지는 일에 관심	인지, 개념화, 미래보기
이웃의 정신적, 육체적 건강을 돌봄	치유
내가 갖고 있는 것을 다른 사람과 나눔	청지기 정신
사람들과 좋은 일을 함께 하도록 설득 및 권면	설득
내 장점과 단점 파악	인지

미래 저널

Date: _____

제 4차 산업혁명시대의 거대한 파도 속에서 빅픽처, SQ, 서번트리더십의
역량을 키워 시대의 큰 파도를 마음껏 즐길 수 있는 새 시대 서퍼(surfer)
가 양성되는 그 날까지

● 사람, 동물, 식물, 미생물, 자연, 현상에 대한 감사거리를 3가지 적어보세요.

_____

_____

_____

● 나는 누구인가요? (나는 '김철수'입니다. 나는 학생입니다. 그런 것 말고요...)

_____

● 세상에 선한 영향력을 미친 한 사람을 선정해봐요. (이름 / 선정이유)

이름: _____

선정이유: _____

● 오늘 친구나 가족과 함께 시간 가는 줄 모르는 놀이를 했으면 그것을 적어보세요.

_____

● 오늘 왜 공부를 하는지, 왜 사는지, 왜 그 일을 하는지를 생각해본 적이 있으면
  나름대로 얻어낸 답을 하나라도 적어보세요.

_____

● 오늘 화가 나는 일이 있었다면 가장 화난 일을 적어보세요.

_____

● 아래 내용 중에서 오늘 내가 노력해본 것이 있으면 왼쪽에 체크 표시를 하세요.

☐ 겸손
☐ 남의 유익 생각
☐ 남을 감싸주려고 함
☐ 시기 질투하지 않으려고 함
☐ 남을 불쌍히 여김
☐ 남을 존중함
☐ 비판하지 않으려고 함
☐ 남이 성장하도록 도움

☐ 편견을 없애려고 함
☐ 외모로 판단하지 않음
☐ 어려운 사람을 도움
☐ 느긋하려고 함
☐ 꾸준함과 지속성 노력
☐ 실망하지 않으려고 함
☐ 잘난 체 하지 않으려 함

☐ 주어진 일을 마무리 함
☐ 이해하며 귀기울여 들음
☐ 다른 사람의 생각을 소중하게 여김
☐ 남의 정신적, 육체적 건강을 돌봄
☐ 내 장점과 단점 파악해 봄
☐ 남들에게 좋은 일을 하자고 설득
☐ 내가 갖고 있는 것을 남들과 나눔

미래 저널

Date: _____

제 4차 산업혁명시대의 거대한 파도 속에서 빅픽처, SQ, 서번트리더십의
역량을 키워 시대의 큰 파도를 마음껏 즐길 수 있는 새 시대 서퍼(surfer)
가 양성되는 그 날까지

● 사람, 동물, 식물, 미생물, 자연, 현상에 대한 감사거리를 3가지 적어보세요.

_____

_____

_____

● 나는 누구인가요? (나는 '김철수'입니다. 나는 학생입니다. 그런 것 말고요...)

_____

● 세상에 선한 영향력을 미친 한 사람을 선정해봐요. (이름 / 선정이유)

이름: _____

선정이유: _____

● 오늘 친구나 가족과 함께 시간 가는 줄 모르는 놀이를 했으면 그것을 적어보세요.

_____

● 오늘 왜 공부를 하는지, 왜 사는지, 왜 그 일을 하는지를 생각해본 적이 있으면
  나름대로 얻어낸 답을 하나라도 적어보세요.

_____

● 오늘 화가 나는 일이 있었다면 가장 화난 일을 적어보세요.

_____

● 아래 내용 중에서 오늘 내가 노력해본 것이 있으면 왼쪽에 체크 표시를 하세요.

☐ 겸손	☐ 편견을 없애려고 함	☐ 주어진 일을 마무리 함
☐ 남의 유익 생각	☐ 외모로 판단하지 않음	☐ 이해하며 귀기울여 들음
☐ 남을 감싸주려고 함	☐ 어려운 사람을 도움	☐ 다른 사람의 생각을 소중하게 여김
☐ 시기 질투하지 않으려고 함	☐ 느긋하려고 함	☐ 남의 정신적, 육체적 건강을 돌봄
☐ 남을 불쌍히 여김	☐ 꾸준함과 지속성 노력	☐ 내 장점과 단점 파악해 봄
☐ 남을 존중함	☐ 실망하지 않으려고 함	☐ 남들에게 좋은 일을 하자고 설득
☐ 비판하지 않으려고 함	☐ 잘난 체 하지 않으려 함	☐ 내가 갖고 있는 것을 남들과 나눔
☐ 남이 성장하도록 도움		

미래 저널

Date: _____

제 4차 산업혁명시대의 거대한 파도 속에서 빅픽처, SQ, 서번트리더십의 역량을 키워 시대의 큰 파도를 마음껏 즐길 수 있는 새 시대 서퍼(surfer)가 양성되는 그 날까지

● 사람, 동물, 식물, 미생물, 자연, 현상에 대한 감사거리를 3가지 적어보세요.

_____

_____

_____

● 나는 누구인가요? (나는 '김철수'입니다. 나는 학생입니다. 그런 것 말고요...)

_____

● 세상에 선한 영향력을 미친 한 사람을 선정해봐요. (이름 / 선정이유)

이름: _____

선정이유: _____

● 오늘 친구나 가족과 함께 시간 가는 줄 모르는 놀이를 했으면 그것을 적어보세요.

_____

● 오늘 왜 공부를 하는지, 왜 사는지, 왜 그 일을 하는지를 생각해본 적이 있으면 나름대로 얻어낸 답을 하나라도 적어보세요.

_____

● 오늘 화가 나는 일이 있었다면 가장 화난 일을 적어보세요.

_____

● 아래 내용 중에서 오늘 내가 노력해본 것이 있으면 왼쪽에 체크 표시를 하세요.

☐ 겸손	☐ 편견을 없애려고 함	☐ 주어진 일을 마무리 함
☐ 남의 유익 생각	☐ 외모로 판단하지 않음	☐ 이해하며 귀기울여 들음
☐ 남을 감싸주려고 함	☐ 어려운 사람을 도움	☐ 다른 사람의 생각을 소중하게 여김
☐ 시기 질투하지 않으려고 함	☐ 느긋하려고 함	☐ 남의 정신적, 육체적 건강을 돌봄
☐ 남을 불쌍히 여김	☐ 꾸준함과 지속성 노력	☐ 내 장점과 단점 파악해 봄
☐ 남을 존중함	☐ 실망하지 않으려고 함	☐ 남들에게 좋은 일을 하자고 설득
☐ 비판하지 않으려고 함	☐ 잘난 체 하지 않으려 함	☐ 내가 갖고 있는 것을 남들과 나눔
☐ 남이 성장하도록 도움		

미래 저널

제 4차 산업혁명시대의 거대한 파도 속에서 빅픽처, SQ, 서번트리더십의
역량을 키워 시대의 큰 파도를 마음껏 즐길 수 있는 새 시대 서퍼(surfer)
가 양성되는 그 날까지

● 사람, 동물, 식물, 미생물, 자연, 현상에 대한 감사거리를 3가지 적어보세요.

_____

_____

● 나는 누구인가요? (나는 '김철수'입니다. 나는 학생입니다. 그런 것 말고요...)

_____

● 세상에 선한 영향력을 미친 한 사람을 선정해봐요. (이름 / 선정이유)

이름: _____

선정이유: _____

● 오늘 친구나 가족과 함께 시간 가는 줄 모르는 놀이를 했으면 그것을 적어보세요.

_____

● 오늘 왜 공부를 하는지, 왜 사는지, 왜 그 일을 하는지를 생각해본 적이 있으면
   나름대로 얻어낸 답을 하나라도 적어보세요.

_____

● **오늘 화가** 나는 일이 있었다면 가장 화난 일을 적어보세요.

_____

● 아래 내용 중에서 오늘 내가 노력해본 것이 있으면 왼쪽에 체크 표시를 하세요.

☐ 겸손	☐ 편견을 없애려고 함	☐ 주어진 일을 마무리 함
☐ **남의 유익 생각**	☐ **외모로 판단하지 않음**	☐ **이해하며 귀기울여 들음**
☐ 남을 감싸주려고 함	☐ 어려운 사람을 도움	☐ 다른 사람의 생각을 소중하게 여김
☐ **시기 질투하지 않으려고 함**	☐ **느긋하려고 함**	☐ **남의 정신적, 육체적 건강을 돌봄**
☐ 남을 불쌍히 여김	☐ 꾸준함과 지속성 노력	☐ 내 장점과 단점 파악해 봄
☐ **남을 존중함**	☐ **실망하지 않으려고 함**	☐ **남들에게 좋은 일을 하자고 설득**
☐ 비판하지 않으려고 함	☐ 잘난 체 하지 않으려 함	☐ 내가 갖고 있는 것을 남들과 나눔
☐ 남이 성장하도록 도움		

미래 저널

Date: _____

제 4차 산업혁명시대의 거대한 파도 속에서 빅픽처, SQ, 서번트리더십의 역량을 키워 시대의 큰 파도를 마음껏 즐길 수 있는 새 시대 서퍼(surfer)가 양성되는 그 날까지

● 사람, 동물, 식물, 미생물, 자연, 현상에 대한 감사거리를 3가지 적어보세요.

_____

_____

_____

● 나는 누구인가요? (나는 '김철수'입니다. 나는 학생입니다. 그런 것 말고요...)

_____

● 세상에 선한 영향력을 미친 한 사람을 선정해봐요. (이름 / 선정이유)

이름:

선정이유:

● 오늘 친구나 가족과 함께 시간 가는 줄 모르는 놀이를 했으면 그것을 적어보세요.

_____

● 오늘 왜 공부를 하는지, 왜 사는지, 왜 그 일을 하는지를 생각해본 적이 있으면 나름대로 얻어낸 답을 하나라도 적어보세요.

_____

● 오늘 화가 나는 일이 있었다면 가장 화난 일을 적어보세요.

_____

● 아래 내용 중에서 오늘 내가 노력해본 것이 있으면 왼쪽에 체크 표시를 하세요.

☐ 겸손	☐ 편견을 없애려고 함	☐ 주어진 일을 마무리 함
☐ 남의 유익 생각	☐ 외모로 판단하지 않음	☐ 이해하며 귀기울여 들음
☐ 남을 감싸주려고 함	☐ 어려운 사람을 도움	☐ 다른 사람의 생각을 소중하게 여김
☐ 시기 질투하지 않으려고 함	☐ 느긋하려고 함	☐ 남의 정신적, 육체적 건강을 돌봄
☐ 남을 불쌍히 여김	☐ 꾸준함과 지속성 노력	☐ 내 장점과 단점 파악해 봄
☐ 남을 존중함	☐ 실망하지 않으려고 함	☐ 남들에게 좋은 일을 하자고 설득
☐ 비판하지 않으려고 함	☐ 잘난 체 하지 않으려 함	☐ 내가 갖고 있는 것을 남들과 나눔
☐ 남이 성장하도록 도움		

미래 저널

Date: _____

제 4차 산업혁명시대의 거대한 파도 속에서 빅픽처, SQ, 서번트리더십의
역량을 키워 시대의 큰 파도를 마음껏 즐길 수 있는 새 시대 서퍼(surfer)
가 양성되는 그 날까지

● 사람, 동물, 식물, 미생물, 자연, 현상에 대한 감사거리를 3가지 적어보세요.

_____

_____

_____

● 나는 누구인가요? (나는 '김철수'입니다. 나는 학생입니다. 그런 것 말고요...)

_____

● 세상에 선한 영향력을 미친 한 사람을 선정해봐요. (이름 / 선정이유)

이름: _____

선정이유: _____

● 오늘 친구나 가족과 함께 시간 가는 줄 모르는 놀이를 했으면 그것을 적어보세요.

_____

● 오늘 왜 공부를 하는지, 왜 사는지, 왜 그 일을 하는지를 생각해본 적이 있으면
  나름대로 얻어낸 답을 하나라도 적어보세요.

_____

● 오늘 화가 나는 일이 있었다면 가장 화난 일을 적어보세요.

_____

● 아래 내용 중에서 오늘 내가 노력해본 것이 있으면 왼쪽에 체크 표시를 하세요.

☐ 겸손	☐ 편견을 없애려고 함	☐ 주어진 일을 마무리 함
☐ 남의 유익 생각	☐ 외모로 판단하지 않음	☐ 이해하며 귀기울여 들음
☐ 남을 감싸주려고 함	☐ 어려운 사람을 도움	☐ 다른 사람의 생각을 소중하게 여김
☐ 시기 질투하지 않으려고 함	☐ 느긋하려고 함	☐ 남의 정신적, 육체적 건강을 돌봄
☐ 남을 불쌍히 여김	☐ 꾸준함과 지속성 노력	☐ 내 장점과 단점 파악해 봄
☐ 남을 존중함	☐ 실망하지 않으려고 함	☐ 남들에게 좋은 일을 하자고 설득
☐ 비판하지 않으려고 함	☐ 잘난 체 하지 않으려 함	☐ 내가 갖고 있는 것을 남들과 나눔
☐ 남이 성장하도록 도움		

미래 저널

Date: _____

제 4차 산업혁명시대의 거대한 파도 속에서 빅픽처, SQ, 서번트리더십의 역량을 키워 시대의 큰 파도를 마음껏 즐길 수 있는 새 시대 서퍼(surfer)가 양성되는 그 날까지

● 사람, 동물, 식물, 미생물, 자연, 현상에 대한 감사거리를 3가지 적어보세요.

_____

_____

_____

● 나는 누구인가요? (나는 '김철수'입니다. 나는 학생입니다. 그런 것 말고요...)

_____

● 세상에 선한 영향력을 미친 한 사람을 선정해봐요. (이름 / 선정이유)

이름: _____

선정이유: _____

● 오늘 친구나 가족과 함께 시간 가는 줄 모르는 놀이를 했으면 그것을 적어보세요.

_____

● 오늘 왜 공부를 하는지, 왜 사는지, 왜 그 일을 하는지를 생각해본 적이 있으면 나름대로 얻어낸 답을 하나라도 적어보세요.

_____

● **오늘 화가 나는 일이 있었다면 가장 화난 일을 적어보세요.**

_____

● 아래 내용 중에서 오늘 내가 노력해본 것이 있으면 왼쪽에 체크 표시를 하세요.

☐ 겸손	☐ 편견을 없애려고 함	☐ 주어진 일을 마무리 함
☐ 남의 유익 생각	☐ 외모로 판단하지 않음	☐ 이해하며 귀기울여 들음
☐ 남을 감싸주려고 함	☐ 어려운 사람을 도움	☐ 다른 사람의 생각을 소중하게 여김
☐ 시기 질투하지 않으려고 함	☐ 느긋하려고 함	☐ 남의 정신적, 육체적 건강을 돌봄
☐ 남을 불쌍히 여김	☐ 꾸준함과 지속성 노력	☐ 내 장점과 단점 파악해 봄
☐ 남을 존중함	☐ 실망하지 않으려고 함	☐ 남들에게 좋은 일을 하자고 설득
☐ 비판하지 않으려고 함	☐ 잘난 체 하지 않으려 함	☐ 내가 갖고 있는 것을 남들과 나눔
☐ 남이 성장하도록 도움		

파트너 링커 저널
Partner Linker Journal

Date: _____

실천 내용	서번트 리더십 10가지 특성	오늘 나의 실천 내용 적어보기
겸손과 섬김	청지기 정신, 이웃의 성장에 헌신, 공동체 세우기	
남의 유익을 생각함	공감, 청지기 정신, 이웃의 성장에 헌신, 공동체 세우기	
감싸주려고 함	공감, 치유, 이웃의 성장에 헌신, 공동체 세우기	
느긋하려고 함	개념화, 미래보기	
시기 질투하지 않으려고 함	인지, 이웃의 성장에 헌신, 공동체 세우기	
잘난 체 하지 않으려고 함	-	
주어진 일을 해내려고 함	청지기 정신, 이웃의 성장에 헌신, 공동체 세우기	

조직이나 집단의 지도자나 방향에 따르려고 함	경청, 공감, 인지, 개념화, 공동체 세우기
이해하며 귀기울여 들음	경청, 공감
다른 사람의 생각을 소중하게 여김	경청, 공감, 치유, 이웃의 성장에 헌신, 공동체 세우기
세상에서 벌어지는 일에 관심	인지, 개념화, 미래보기
이웃의 정신적, 육체적 건강을 돌봄	치유
내가 갖고 있는 것을 다른 사람과 나눔	청지기 정신
사람들과 좋은 일을 함께 하도록 설득 및 권면	설득
내 장점과 단점 파악	인지

미래 저널

Date: _____

제 4차 산업혁명시대의 거대한 파도 속에서 빅픽처, SQ, 서번트리더십의
역량을 키워 시대의 큰 파도를 마음껏 즐길 수 있는 새 시대 서퍼(surfer)
가 양성되는 그 날까지

● 사람, 동물, 식물, 미생물, 자연, 현상에 대한 감사거리를 3가지 적어보세요.

_____

_____

_____

● 나는 누구인가요? (나는 '김철수'입니다. 나는 학생입니다. 그런 것 말고요...)

_____

● 세상에 선한 영향력을 미친 한 사람을 선정해봐요. (이름 / 선정이유)

이름: _____

선정이유: _____

● 오늘 친구나 가족과 함께 시간 가는 줄 모르는 놀이를 했으면 그것을 적어보세요.

_____

● 오늘 왜 공부를 하는지, 왜 사는지, 왜 그 일을 하는지를 생각해 본 적이 있으면
  나름대로 얻어낸 답을 하나라도 적어보세요.

_____

● 오늘 화가 나는 일이 있었다면 가장 화난 일을 적어보세요.

_____

● 아래 내용 중에서 오늘 내가 노력해본 것이 있으면 왼쪽에 체크 표시를 하세요.

☐ 겸손	☐ 편견을 없애려고 함	☐ 주어진 일을 마무리 함
☐ 남의 유익 생각	☐ 외모로 판단하지 않음	☐ 이해하며 귀기울여 들음
☐ 남을 감싸주려고 함	☐ 어려운 사람을 도움	☐ 다른 사람의 생각을 소중하게 여김
☐ 시기 질투하지 않으려고 함	☐ 느긋하려고 함	☐ 남의 정신적, 육체적 건강을 돌봄
☐ 남을 불쌍히 여김	☐ 꾸준함과 지속성 노력	☐ 내 장점과 단점 파악해 봄
☐ 남을 존중함	☐ 실망하지 않으려고 함	☐ 남들에게 좋은 일을 하자고 설득
☐ 비판하지 않으려고 함	☐ 잘난 체 하지 않으려 함	☐ 내가 갖고 있는 것을 남들과 나눔
☐ 남이 성장하도록 도움		

미래 저널

Date: _____

제 4차 산업혁명시대의 거대한 파도 속에서 빅픽처, SQ, 서번트리더십의
역량을 키워 시대의 큰 파도를 마음껏 즐길 수 있는 새 시대 서퍼(surfer)
가 양성되는 그 날까지

● 사람, 동물, 식물, 미생물, 자연, 현상에 대한 감사거리를 3가지 적어보세요.

_____

_____

_____

● 나는 누구인가요? (나는 '김철수'입니다. 나는 학생입니다. 그런 것 말고요...)

_____

● 세상에 선한 영향력을 미친 한 사람을 선정해봐요. (이름 / 선정이유)

이름: _____

선정이유: _____

● 오늘 친구나 가족과 함께 시간 가는 줄 모르는 놀이를 했으면 그것을 적어보세요.

_____

● 오늘 왜 공부를 하는지, 왜 사는지, 왜 그 일을 하는지를 생각해본 적이 있으면
  나름대로 얻어낸 답을 하나라도 적어보세요.

_____

● 오늘 화가 나는 일이 있었다면 가장 화난 일을 적어보세요.

_____

● 아래 내용 중에서 오늘 내가 노력해본 것이 있으면 왼쪽에 체크 표시를 하세요.

☐ 겸손	☐ 편견을 없애려고 함	☐ 주어진 일을 마무리 함
☐ 남의 유익 생각	☐ 외모로 판단하지 않음	☐ 이해하며 귀기울여 들음
☐ 남을 감싸주려고 함	☐ 어려운 사람을 도움	☐ 다른 사람의 생각을 소중하게 여김
☐ 시기 질투하지 않으려고 함	☐ 느긋하려고 함	☐ 남의 정신적, 육체적 건강을 돌봄
☐ 남을 불쌍히 여김	☐ 꾸준함과 지속성 노력	☐ 내 장점과 단점 파악해 봄
☐ 남을 존중함	☐ 실망하지 않으려고 함	☐ 남들에게 좋은 일을 하자고 설득
☐ 비판하지 않으려고 함	☐ 잘난 체 하지 않으려 함	☐ 내가 갖고 있는 것을 남들과 나눔
☐ 남이 성장하도록 도움		

미래 저널

제 4차 산업혁명시대의 거대한 파도 속에서 빅픽처, SQ, 서번트리더십의 역량을 키워 시대의 큰 파도를 마음껏 즐길 수 있는 새 시대 서퍼(surfer)가 양성되는 그 날까지

● 사람, 동물, 식물, 미생물, 자연, 현상에 대한 감사거리를 3가지 적어보세요.

_____

_____

_____

● 나는 누구인가요? (나는 '김철수'입니다. 나는 학생입니다. 그런 것 말고요...)

_____

● 세상에 선한 영향력을 미친 한 사람을 선정해봐요. (이름 / 선정이유)

이름: _____

선정이유: _____

● 오늘 친구나 가족과 함께 시간 가는 줄 모르는 놀이를 했으면 그것을 적어보세요.

_____

● 오늘 왜 공부를 하는지, 왜 사는지, 왜 그 일을 하는지를 생각해본 적이 있으면 나름대로 얻어낸 답을 하나라도 적어보세요.

_____

● 오늘 화가 나는 일이 있었다면 가장 화난 일을 적어보세요.

_____

● 아래 내용 중에서 오늘 내가 노력해본 것이 있으면 왼쪽에 체크 표시를 하세요.

☐ 겸손	☐ 편견을 없애려고 함	☐ 주어진 일을 마무리 함
☐ 남의 유익 생각	☐ 외모로 판단하지 않음	☐ 이해하며 귀기울여 들음
☐ 남을 감싸주려고 함	☐ 어려운 사람을 도움	☐ 다른 사람의 생각을 소중하게 여김
☐ 시기 질투하지 않으려고 함	☐ 느긋하려고 함	☐ 남의 정신적, 육체적 건강을 돌봄
☐ 남을 불쌍히 여김	☐ 꾸준함과 지속성 노력	☐ 내 장점과 단점 파악해 봄
☐ 남을 존중함	☐ 실망하지 않으려고 함	☐ 남들에게 좋은 일을 하자고 설득
☐ 비판하지 않으려고 함	☐ 잘난 체 하지 않으려 함	☐ 내가 갖고 있는 것을 남들과 나눔
☐ 남이 성장하도록 도움		

미래 저널

제 4차 산업혁명시대의 거대한 파도 속에서 빅픽처, SQ, 서번트리더십의 역량을 키워 시대의 큰 파도를 마음껏 즐길 수 있는 새 시대 서퍼(surfer)가 양성되는 그 날까지

● 사람, 동물, 식물, 미생물, 자연, 현상에 대한 감사거리를 3가지 적어보세요.

_____

_____

_____

● 나는 누구인가요? (나는 '김철수'입니다. 나는 학생입니다. 그런 것 말고요...)

_____

● 세상에 선한 영향력을 미친 한 사람을 선정해봐요. (이름 / 선정이유)

이름:

선정이유:

● 오늘 친구나 가족과 함께 시간 가는 줄 모르는 놀이를 했으면 그것을 적어보세요.

_____

● 오늘 왜 공부를 하는지, 왜 사는지, 왜 그 일을 하는지를 생각해본 적이 있으면 나름대로 얻어낸 답을 하나라도 적어보세요.

_____

● 오늘 화가 나는 일이 있었다면 가장 화난 일을 적어보세요.

_____

● 아래 내용 중에서 오늘 내가 노력해본 것이 있으면 왼쪽에 체크 표시를 하세요.

☐ 겸손	☐ 편견을 없애려고 함	☐ 주어진 일을 마무리 함
☐ 남의 유익 생각	☐ 외모로 판단하지 않음	☐ 이해하며 귀기울여 들음
☐ 남을 감싸주려고 함	☐ 어려운 사람을 도움	☐ 다른 사람의 생각을 소중하게 여김
☐ 시기 질투하지 않으려고 함	☐ 느긋하려고 함	☐ 남의 정신적, 육체적 건강을 돌봄
☐ 남을 불쌍히 여김	☐ 꾸준함과 지속성 노력	☐ 내 장점과 단점 파악해 봄
☐ 남을 존중함	☐ 실망하지 않으려고 함	☐ 남들에게 좋은 일을 하자고 설득
☐ 비판하지 않으려고 함	☐ 잘난 체 하지 않으려 함	☐ 내가 갖고 있는 것을 남들과 나눔
☐ 남이 성장하도록 도움		

미래 저널

Date: _____

제 4차 산업혁명시대의 거대한 파도 속에서 빅픽처, SQ, 서번트리더십의
역량을 키워 시대의 큰 파도를 마음껏 즐길 수 있는 새 시대 서퍼(surfer)
가 양성되는 그 날까지

● 사람, 동물, 식물, 미생물, 자연, 현상에 대한 감사거리를 3가지 적어보세요.

_____

_____

_____

● 나는 누구인가요? (나는 '김철수'입니다. 나는 학생입니다. 그런 것 말고요...)

_____

● 세상에 선한 영향력을 미친 한 사람을 선정해봐요. (이름 / 선정이유)

이름: _____

선정이유: _____

● 오늘 친구나 가족과 함께 시간 가는 줄 모르는 놀이를 했으면 그것을 적어보세요.

_____

● 오늘 왜 공부를 하는지, 왜 사는지, 왜 그 일을 하는지를 생각해본 적이 있으면
  나름대로 얻어낸 답을 하나라도 적어보세요.

_____

● 오늘 화가 나는 일이 있었다면 가장 화난 일을 적어보세요.

_____

● 아래 내용 중에서 오늘 내가 노력해본 것이 있으면 왼쪽에 체크 표시를 하세요.

☐ 겸손	☐ 편견을 없애려고 함	☐ 주어진 일을 마무리 함
☐ 남의 유익 생각	☐ 외모로 판단하지 않음	☐ 이해하며 귀기울여 들음
☐ 남을 감싸주려고 함	☐ 어려운 사람을 도움	☐ 다른 사람의 생각을 소중하게 여김
☐ 시기 질투하지 않으려고 함	☐ 느긋하려고 함	☐ 남의 정신적, 육체적 건강을 돌봄
☐ 남을 불쌍히 여김	☐ 꾸준함과 지속성 노력	☐ 내 장점과 단점 파악해 봄
☐ 남을 존중함	☐ 실망하지 않으려고 함	☐ 남들에게 좋은 일을 하자고 설득
☐ 비판하지 않으려고 함	☐ 잘난 체 하지 않으려 함	☐ 내가 갖고 있는 것을 남들과 나눔
☐ 남이 성장하도록 도움		

미래 저널

제 4차 산업혁명시대의 거대한 파도 속에서 빅픽처, SQ, 서번트리더십의 역량을 키워 시대의 큰 파도를 마음껏 즐길 수 있는 새 시대 서퍼(surfer) 가 양성되는 그 날까지

● 사람, 동물, 식물, 미생물, 자연, 현상에 대한 감사거리를 3가지 적어보세요.

_____

_____

_____

● 나는 누구인가요? (나는 '김철수'입니다. 나는 학생입니다. 그런 것 말고요...)

_____

● 세상에 선한 영향력을 미친 한 사람을 선정해봐요. (이름 / 선정이유)

이름:

_____

선정이유:

● 오늘 친구나 가족과 함께 시간 가는 줄 모르는 놀이를 했으면 그것을 적어보세요.

_____

● 오늘 왜 공부를 하는지, 왜 사는지, 왜 그 일을 하는지를 생각해본 적이 있으면 나름대로 얻어낸 답을 하나라도 적어보세요.

_____

● **오늘 화가 나는 일**이 있었다면 가장 화난 일을 적어보세요.

_____

● 아래 내용 중에서 오늘 내가 노력해본 것이 있으면 왼쪽에 체크 표시를 하세요.

☐ 겸손	☐ 편견을 없애려고 함	☐ 주어진 일을 마무리 함
☐ 남의 유익 생각	☐ 외모로 판단하지 않음	☐ 이해하며 귀기울여 들음
☐ 남을 감싸주려고 함	☐ 어려운 사람을 도움	☐ 다른 사람의 생각을 소중하게 여김
☐ 시기 질투하지 않으려고 함	☐ 느긋하려고 함	☐ 남의 정신적, 육체적 건강을 돌봄
☐ 남을 불쌍히 여김	☐ 꾸준함과 지속성 노력	☐ 내 장점과 단점 파악해 봄
☐ 남을 존중함	☐ 실망하지 않으려고 함	☐ 남들에게 좋은 일을 하자고 설득
☐ 비판하지 않으려고 함	☐ 잘난 체 하지 않으려 함	☐ 내가 갖고 있는 것을 남들과 나눔
☐ 남이 성장하도록 도움		

미래 저널

Date: _____

제 4차 산업혁명시대의 거대한 파도 속에서 빅픽처, SQ, 서번트리더십의 역량을 키워 시대의 큰 파도를 마음껏 즐길 수 있는 새 시대 서퍼(surfer)가 양성되는 그 날까지

● 사람, 동물, 식물, 미생물, 자연, 현상에 대한 감사거리를 3가지 적어보세요.

_____

_____

_____

● 나는 누구인가요? (나는 '김철수'입니다. 나는 학생입니다. 그런 것 말고요…)

_____

● 세상에 선한 영향력을 미친 한 사람을 선정해봐요. (이름 / 선정이유)

이름: _____

선정이유: _____

● 오늘 친구나 가족과 함께 시간 가는 줄 모르는 놀이를 했으면 그것을 적어보세요.

_____

● 오늘 왜 공부를 하는지, 왜 사는지, 왜 그 일을 하는지를 생각해본 적이 있으면 나름대로 얻어낸 답을 하나라도 적어보세요.

_____

● 오늘 화가 나는 일이 있었다면 가장 화난 일을 적어보세요.

_____

● 아래 내용 중에서 오늘 내가 노력해본 것이 있으면 왼쪽에 체크 표시를 하세요.

☐ 겸손	☐ 편견을 없애려고 함	☐ 주어진 일을 마무리 함
☐ 남의 유익 생각	☐ 외모로 판단하지 않음	☐ 이해하며 귀기울여 들음
☐ 남을 감싸주려고 함	☐ 어려운 사람을 도움	☐ 다른 사람의 생각을 소중하게 여김
☐ 시기 질투하지 않으려고 함	☐ 느긋하려고 함	☐ 남의 정신적, 육체적 건강을 돌봄
☐ 남을 불쌍히 여김	☐ 꾸준함과 지속성 노력	☐ 내 장점과 단점 파악해 봄
☐ 남을 존중함	☐ 실망하지 않으려고 함	☐ 남들에게 좋은 일을 하자고 설득
☐ 비판하지 않으려고 함	☐ 잘난 체 하지 않으려 함	☐ 내가 갖고 있는 것을 남들과 나눔
☐ 남이 성장하도록 도움		

파트너 링커 저널
Partner Linker Journal

Date: _____

실천 내용	서번트 리더십 10가지 특성	오늘 나의 실천 내용 적어보기
겸손과 섬김	청지기 정신, 이웃의 성장에 헌신, 공동체 세우기	
남의 유익을 생각함	공감, 청지기 정신, 이웃의 성장에 헌신, 공동체 세우기	
감싸주려고 함	공감, 치유, 이웃의 성장에 헌신, 공동체 세우기	
느긋하려고 함	개념화, 미래보기	
시기 질투하지 않으려고 함	인지, 이웃의 성장에 헌신, 공동체 세우기	
잘난 체 하지 않으려고 함	-	
주어진 일을 해내려고 함	청지기 정신, 이웃의 성장에 헌신, 공동체 세우기	

조직이나 집단의 지도자나 방향에 따르려고 함	경청, 공감, 인지, 개념화, 공동체 세우기
이해하며 귀기울여 들음	경청, 공감
다른 사람의 생각을 소중하게 여김	경청, 공감, 치유, 이웃의 성장에 헌신, 공동체 세우기
세상에서 벌어지는 일에 관심	인지, 개념화, 미래보기
이웃의 정신적, 육체적 건강을 돌봄	치유
내가 갖고 있는 것을 다른 사람과 나눔	청지기 정신
사람들과 좋은 일을 함께 하도록 설득 및 권면	설득
내 장점과 단점 파악	인지

미래 저널

Date: _____

제 4차 산업혁명시대의 거대한 파도 속에서 빅픽처, SQ, 서번트리더십의 역량을 키워 시대의 큰 파도를 마음껏 즐길 수 있는 새 시대 서퍼(surfer)가 양성되는 그 날까지

● 사람, 동물, 식물, 미생물, 자연, 현상에 대한 감사거리를 3가지 적어보세요.

_____

_____

_____

● 나는 누구인가요? (나는 '김철수'입니다. 나는 학생입니다. 그런 것 말고요...)

_____

● 세상에 선한 영향력을 미친 한 사람을 선정해봐요. (이름 / 선정이유)

이름: _____

선정이유: _____

● 오늘 친구나 가족과 함께 시간 가는 줄 모르는 놀이를 했으면 그것을 적어보세요.

_____

● 오늘 왜 공부를 하는지, 왜 사는지, 왜 그 일을 하는지를 생각해본 적이 있으면 나름대로 얻어낸 답을 하나라도 적어보세요.

_____

● 오늘 화가 나는 일이 있었다면 가장 화난 일을 적어보세요.

_____

● 아래 내용 중에서 오늘 내가 노력해본 것이 있으면 왼쪽에 체크 표시를 하세요.

☐ 겸손	☐ 편견을 없애려고 함	☐ 주어진 일을 마무리 함
☐ 남의 유익 생각	☐ 외모로 판단하지 않음	☐ 이해하며 귀기울여 들음
☐ 남을 감싸주려고 함	☐ 어려운 사람을 도움	☐ 다른 사람의 생각을 소중하게 여김
☐ 시기 질투하지 않으려고 함	☐ 느긋하려고 함	☐ 남의 정신적, 육체적 건강을 돌봄
☐ 남을 불쌍히 여김	☐ 꾸준함과 지속성 노력	☐ 내 장점과 단점 파악해 봄
☐ 남을 존중함	☐ 실망하지 않으려고 함	☐ 남들에게 좋은 일을 하자고 설득
☐ 비판하지 않으려고 함	☐ 잘난 체 하지 않으려 함	☐ 내가 갖고 있는 것을 남들과 나눔
☐ 남이 성장하도록 도움		

미래 저널

제 4차 산업혁명시대의 거대한 파도 속에서 빅픽처, SQ, 서번트리더십의
역량을 키워 시대의 큰 파도를 마음껏 즐길 수 있는 새 시대 서퍼(surfer)
가 양성되는 그 날까지

● 사람, 동물, 식물, 미생물, 자연, 현상에 대한 감사거리를 3가지 적어보세요.

_____

_____

_____

● 나는 누구인가요? (나는 '김철수'입니다. 나는 학생입니다. 그런 것 말고요...)

_____

● 세상에 선한 영향력을 미친 한 사람을 선정해봐요. (이름 / 선정이유)

이름: _____

선정이유: _____

● 오늘 친구나 가족과 함께 시간 가는 줄 모르는 놀이를 했으면 그것을 적어보세요.

_____

● 오늘 왜 공부를 하는지, 왜 사는지, 왜 그 일을 하는지를 생각해본 적이 있으면
  나름대로 얻어낸 답을 하나라도 적어보세요.

_____

● 오늘 화가 나는 일이 있었다면 가장 화난 일을 적어보세요.

_____

● 아래 내용 중에서 오늘 내가 노력해본 것이 있으면 왼쪽에 체크 표시를 하세요.

☐ 겸손	☐ 편견을 없애려고 함	☐ 주어진 일을 마무리 함
☐ 남의 유익 생각	☐ 외모로 판단하지 않음	☐ 이해하며 귀기울여 들음
☐ 남을 감싸주려고 함	☐ 어려운 사람을 도움	☐ 다른 사람의 생각을 소중하게 여김
☐ 시기 질투하지 않으려고 함	☐ 느긋하려고 함	☐ 남의 정신적, 육체적 건강을 돌봄
☐ 남을 불쌍히 여김	☐ 꾸준함과 지속성 노력	☐ 내 장점과 단점 파악해 봄
☐ 남을 존중함	☐ 실망하지 않으려고 함	☐ 남들에게 좋은 일을 하자고 설득
☐ 비판하지 않으려고 함	☐ 잘난 체 하지 않으려 함	☐ 내가 갖고 있는 것을 남들과 나눔
☐ 남이 성장하도록 도움		

미래 저널

Date: _____

제 4차 산업혁명시대의 거대한 파도 속에서 빅픽처, SQ, 서번트리더십의
역량을 키워 시대의 큰 파도를 마음껏 즐길 수 있는 새 시대 서퍼(surfer)
가 양성되는 그 날까지

● 사람, 동물, 식물, 미생물, 자연, 현상에 대한 감사거리를 3가지 적어보세요.

_____

_____

_____

● 나는 누구인가요? (나는 '김철수'입니다. 나는 학생입니다. 그런 것 말고요...)

_____

● 세상에 선한 영향력을 미친 한 사람을 선정해봐요. (이름 / 선정이유)

이름: _____

선정이유: _____

● 오늘 친구나 가족과 함께 시간 가는 줄 모르는 놀이를 했으면 그것을 적어보세요.

_____

● 오늘 왜 공부를 하는지, 왜 사는지, 왜 그 일을 하는지를 생각해본 적이 있으면
   나름대로 얻어낸 답을 하나라도 적어보세요.

_____

● 오늘 화가 나는 일이 있었다면 가장 화난 일을 적어보세요.

_____

● 아래 내용 중에서 오늘 내가 노력해본 것이 있으면 왼쪽에 체크 표시를 하세요.

☐ 겸손	☐ 편견을 없애려고 함	☐ 주어진 일을 마무리 함
☐ 남의 유익 생각	☐ 외모로 판단하지 않음	☐ 이해하며 귀기울여 들음
☐ 남을 감싸주려고 함	☐ 어려운 사람을 도움	☐ 다른 사람의 생각을 소중하게 여김
☐ 시기 질투하지 않으려고 함	☐ 느긋하려고 함	☐ 남의 정신적, 육체적 건강을 돌봄
☐ 남을 불쌍히 여김	☐ 꾸준함과 지속성 노력	☐ 내 장점과 단점 파악해 봄
☐ 남을 존중함	☐ 실망하지 않으려고 함	☐ 남들에게 좋은 일을 하자고 설득
☐ 비판하지 않으려고 함	☐ 잘난 체 하지 않으려 함	☐ 내가 갖고 있는 것을 남들과 나눔
☐ 남이 성장하도록 도움		

미래 저널   Date: _____

제 4차 산업혁명시대의 거대한 파도 속에서 빅픽처, SQ, 서번트리더십의
역량을 키워 시대의 큰 파도를 마음껏 즐길 수 있는 새 시대 서퍼(surfer)
가 양성되는 그 날까지

● 사람, 동물, 식물, 미생물, 자연, 현상에 대한 감사거리를 3가지 적어보세요.

_____

_____

_____

● 나는 누구인가요? (나는 '김철수'입니다. 나는 학생입니다. 그런 것 말고요...)

_____

● 세상에 선한 영향력을 미친 한 사람을 선정해봐요. (이름 / 선정이유)

이름: _____

선정이유: _____

● 오늘 친구나 가족과 함께 시간 가는 줄 모르는 놀이를 했으면 그것을 적어보세요.

_____

● 오늘 왜 공부를 하는지, 왜 사는지, 왜 그 일을 하는지를 생각해본 적이 있으면
  나름대로 얻어낸 답을 하나라도 적어보세요.

_____

● **오늘 화가 나는 일이 있었다면 가장 화난 일을 적어보세요.**

_____

● 아래 내용 중에서 오늘 내가 노력해본 것이 있으면 왼쪽에 체크 표시를 하세요.

☐ 겸손	☐ 편견을 없애려고 함	☐ 주어진 일을 마무리 함
☐ 남의 유익 생각	☐ 외모로 판단하지 않음	☐ 이해하며 귀기울여 들음
☐ 남을 감싸주려고 함	☐ 어려운 사람을 도움	☐ 다른 사람의 생각을 소중하게 여김
☐ 시기 질투하지 않으려고 함	☐ 느긋하려고 함	☐ 남의 정신적, 육체적 건강을 돌봄
☐ 남을 불쌍히 여김	☐ 꾸준함과 지속성 노력	☐ 내 장점과 단점 파악해 봄
☐ 남을 존중함	☐ 실망하지 않으려고 함	☐ 남들에게 좋은 일을 하자고 설득
☐ 비판하지 않으려고 함	☐ 잘난 체 하지 않으려 함	☐ 내가 갖고 있는 것을 남들과 나눔
☐ 남이 성장하도록 도움		

미래 저널

Date: _____

제 4차 산업혁명시대의 거대한 파도 속에서 빅픽처, SQ, 서번트리더십의 역량을 키워 시대의 큰 파도를 마음껏 즐길 수 있는 새 시대 서퍼(surfer)가 양성되는 그 날까지

● 사람, 동물, 식물, 미생물, 자연, 현상에 대한 감사거리를 3가지 적어보세요.

_____

_____

_____

● 나는 누구인가요? (나는 '김철수'입니다. 나는 학생입니다. 그런 것 말고요...)

_____

● 세상에 선한 영향력을 미친 한 사람을 선정해봐요. (이름 / 선정이유)

이름: _____

선정이유: _____

● 오늘 친구나 가족과 함께 시간 가는 줄 모르는 놀이를 했으면 그것을 적어보세요.

_____

● 오늘 왜 공부를 하는지, 왜 사는지, 왜 그 일을 하는지를 생각해본 적이 있으면 나름대로 얻어낸 답을 하나라도 적어보세요.

_____

● 오늘 화가 나는 일이 있었다면 가장 화난 일을 적어보세요.

_____

● 아래 내용 중에서 오늘 내가 노력해본 것이 있으면 왼쪽에 체크 표시를 하세요.

☐ 겸손	☐ 편견을 없애려고 함	☐ 주어진 일을 마무리 함
☐ 남의 유익 생각	☐ 외모로 판단하지 않음	☐ 이해하며 귀기울여 들음
☐ 남을 감싸주려고 함	☐ 어려운 사람을 도움	☐ 다른 사람의 생각을 소중하게 여김
☐ 시기 질투하지 않으려고 함	☐ 느긋하려고 함	☐ 남의 정신적, 육체적 건강을 돌봄
☐ 남을 불쌍히 여김	☐ 꾸준함과 지속성 노력	☐ 내 장점과 단점 파악해 봄
☐ 남을 존중함	☐ 실망하지 않으려고 함	☐ 남들에게 좋은 일을 하자고 설득
☐ 비판하지 않으려고 함	☐ 잘난 체 하지 않으려 함	☐ 내가 갖고 있는 것을 남들과 나눔
☐ 남이 성장하도록 도움		

미래 저널

제 4차 산업혁명시대의 거대한 파도 속에서 빅픽처, SQ, 서번트리더십의 역량을 키워 시대의 큰 파도를 마음껏 즐길 수 있는 새 시대 서퍼(surfer)가 양성되는 그 날까지

● 사람, 동물, 식물, 미생물, 자연, 현상에 대한 감사거리를 3가지 적어보세요.

_____

_____

_____

● 나는 누구인가요? (나는 '김철수'입니다. 나는 학생입니다. 그런 것 말고요...)

_____

● 세상에 선한 영향력을 미친 한 사람을 선정해봐요. (이름 / 선정이유)

이름: _____

선정이유: _____

● 오늘 친구나 가족과 함께 시간 가는 줄 모르는 놀이를 했으면 그것을 적어보세요.

_____

● 오늘 왜 공부를 하는지, 왜 사는지, 왜 그 일을 하는지를 생각해본 적이 있으면 나름대로 얻어낸 답을 하나라도 적어보세요.

_____

● **오늘 화가 나는 일이 있었다면 가장 화난 일을 적어보세요.**

_____

● 아래 내용 중에서 오늘 내가 노력해본 것이 있으면 왼쪽에 체크 표시를 하세요.

☐ 겸손	☐ 편견을 없애려고 함	☐ 주어진 일을 마무리 함
☐ 남의 유익 생각	☐ 외모로 판단하지 않음	☐ 이해하며 귀기울여 들음
☐ 남을 감싸주려고 함	☐ 어려운 사람을 도움	☐ 다른 사람의 생각을 소중하게 여김
☐ 시기 질투하지 않으려고 함	☐ 느긋하려고 함	☐ 남의 정신적, 육체적 건강을 돌봄
☐ 남을 불쌍히 여김	☐ 꾸준함과 지속성 노력	☐ 내 장점과 단점 파악해 봄
☐ 남을 존중함	☐ 실망하지 않으려고 함	☐ 남들에게 좋은 일을 하자고 설득
☐ 비판하지 않으려고 함	☐ 잘난 체 하지 않으려 함	☐ 내가 갖고 있는 것을 남들과 나눔
☐ 남이 성장하도록 도움		

미래 저널

Date: _____

제 4차 산업혁명시대의 거대한 파도 속에서 빅픽처, SQ, 서번트리더십의 역량을 키워 시대의 큰 파도를 마음껏 즐길 수 있는 새 시대 서퍼(surfer)가 양성되는 그 날까지

● 사람, 동물, 식물, 미생물, 자연, 현상에 대한 감사거리를 3가지 적어보세요.

_____

_____

_____

● 나는 누구인가요? (나는 '김철수'입니다. 나는 학생입니다. 그런 것 말고요...)

_____

● 세상에 선한 영향력을 미친 한 사람을 선정해봐요. (이름 / 선정이유)

이름: _____

선정이유: _____

● 오늘 친구나 가족과 함께 시간 가는 줄 모르는 놀이를 했으면 그것을 적어보세요.

_____

● 오늘 왜 공부를 하는지, 왜 사는지, 왜 그 일을 하는지를 생각해본 적이 있으면 나름대로 얻어낸 답을 하나라도 적어보세요.

_____

● **오늘 화가 나는 일이 있었다면 가장 화난 일을 적어보세요.**

_____

● 아래 내용 중에서 오늘 내가 노력해본 것이 있으면 왼쪽에 체크 표시를 하세요.

☐ 겸손	☐ 편견을 없애려고 함	☐ 주어진 일을 마무리 함
☐ 남의 유익 생각	☐ 외모로 판단하지 않음	☐ 이해하며 귀기울여 들음
☐ 남을 감싸주려고 함	☐ 어려운 사람을 도움	☐ 다른 사람의 생각을 소중하게 여김
☐ 시기 질투하지 않으려고 함	☐ 느긋하려고 함	☐ 남의 정신적, 육체적 건강을 돌봄
☐ 남을 불쌍히 여김	☐ 꾸준함과 지속성 노력	☐ 내 장점과 단점 파악해 봄
☐ 남을 존중함	☐ 실망하지 않으려고 함	☐ 남들에게 좋은 일을 하자고 설득
☐ 비판하지 않으려고 함	☐ 잘난 체 하지 않으려 함	☐ 내가 갖고 있는 것을 남들과 나눔
☐ 남이 성장하도록 도움		

파트너 링커 저널
Partner Linker Journal

Date: _____

실천 내용	서번트 리더십 10가지 특성	오늘 나의 실천 내용 적어보기
겸손과 섬김	청지기 정신, 이웃의 성장에 헌신, 공동체 세우기	
남의 유익을 생각함	공감, 청지기 정신, 이웃의 성장에 헌신, 공동체 세우기	
감싸주려고 함	공감, 치유, 이웃의 성장에 헌신, 공동체 세우기	
느긋하려고 함	개념화, 미래보기	
시기 질투하지 않으려고 함	인지, 이웃의 성장에 헌신, 공동체 세우기	
잘난 체 하지 않으려고 함	-	
주어진 일을 해내려고 함	청지기 정신, 이웃의 성장에 헌신, 공동체 세우기	

조직이나 집단의 지도자나 방향에 따르려고 함	경청, 공감, 인지, 개념화, 공동체 세우기
이해하며 귀기울여 들음	경청, 공감
다른 사람의 생각을 소중하게 여김	경청, 공감, 치유, 이웃의 성장에 헌신, 공동체 세우기
세상에서 벌어지는 일에 관심	인지, 개념화, 미래보기
이웃의 정신적, 육체적 건강을 돌봄	치유
내가 갖고 있는 것을 다른 사람과 나눔	청지기 정신
사람들과 좋은 일을 함께 하도록 설득 및 권면	설득
내 장점과 단점 파악	인지

미래 저널

Date: _____

제 4차 산업혁명시대의 거대한 파도 속에서 빅픽처, SQ, 서번트리더십의 역량을 키워 시대의 큰 파도를 마음껏 즐길 수 있는 새 시대 서퍼(surfer)가 양성되는 그 날까지

● 사람, 동물, 식물, 미생물, 자연, 현상에 대한 감사거리를 3가지 적어보세요.

_____

_____

_____

● 나는 누구인가요? (나는 '김철수'입니다. 나는 학생입니다. 그런 것 말고요...)

_____

● 세상에 선한 영향력을 미친 한 사람을 선정해봐요. (이름 / 선정이유)

이름: _____

선정이유: _____

● 오늘 친구나 가족과 함께 시간 가는 줄 모르는 놀이를 했으면 그것을 적어보세요.

_____

● 오늘 왜 공부를 하는지, 왜 사는지, 왜 그 일을 하는지를 생각해본 적이 있으면 나름대로 얻어낸 답을 하나라도 적어보세요.

_____

● 오늘 화가 나는 일이 있었다면 가장 화난 일을 적어보세요.

_____

● 아래 내용 중에서 오늘 내가 노력해본 것이 있으면 왼쪽에 체크 표시를 하세요.

☐ 겸손	☐ 편견을 없애려고 함	☐ 주어진 일을 마무리 함
☐ 남의 유익 생각	☐ 외모로 판단하지 않음	☐ 이해하며 귀기울여 들음
☐ 남을 감싸주려고 함	☐ 어려운 사람을 도움	☐ 다른 사람의 생각을 소중하게 여김
☐ 시기 질투하지 않으려고 함	☐ 느긋하려고 함	☐ 남의 정신적, 육체적 건강을 돌봄
☐ 남을 불쌍히 여김	☐ 꾸준함과 지속성 노력	☐ 내 장점과 단점 파악해 봄
☐ 남을 존중함	☐ 실망하지 않으려고 함	☐ 남들에게 좋은 일을 하자고 설득
☐ 비판하지 않으려고 함	☐ 잘난 체 하지 않으려 함	☐ 내가 갖고 있는 것을 남들과 나눔
☐ 남이 성장하도록 도움		

미래 저널   Date: _____

제 4차 산업혁명시대의 거대한 파도 속에서 빅픽처, SQ, 서번트리더십의
역량을 키워 시대의 큰 파도를 마음껏 즐길 수 있는 새 시대 서퍼(surfer)
가 양성되는 그 날까지

● 사람, 동물, 식물, 미생물, 자연, 현상에 대한 감사거리를 3가지 적어보세요.

_____

_____

_____

● 나는 누구인가요? (나는 '김철수'입니다. 나는 학생입니다. 그런 것 말고요...)

_____

● 세상에 선한 영향력을 미친 한 사람을 선정해봐요. (이름 / 선정이유)

이름: _____

선정이유: _____

● 오늘 친구나 가족과 함께 시간 가는 줄 모르는 놀이를 했으면 그것을 적어보세요.

_____

● 오늘 왜 공부를 하는지, 왜 사는지, 왜 그 일을 하는지를 생각해본 적이 있으면
  나름대로 얻어낸 답을 하나라도 적어보세요.

_____

● 오늘 화가 나는 일이 있었다면 가장 화난 일을 적어보세요.

_____

● 아래 내용 중에서 오늘 내가 노력해본 것이 있으면 왼쪽에 체크 표시를 하세요.

☐ 겸손	☐ 편견을 없애려고 함	☐ 주어진 일을 마무리 함
☐ 남의 유익 생각	☐ 외모로 판단하지 않음	☐ 이해하며 귀기울여 들음
☐ 남을 감싸주려고 함	☐ 어려운 사람을 도움	☐ 다른 사람의 생각을 소중하게 여김
☐ 시기 질투하지 않으려고 함	☐ 느긋하려고 함	☐ 남의 정신적, 육체적 건강을 돌봄
☐ 남을 불쌍히 여김	☐ 꾸준함과 지속성 노력	☐ 내 장점과 단점 파악해 봄
☐ 남을 존중함	☐ 실망하지 않으려고 함	☐ 남들에게 좋은 일을 하자고 설득
☐ 비판하지 않으려고 함	☐ 잘난 체 하지 않으려 함	☐ 내가 갖고 있는 것을 남들과 나눔
☐ 남이 성장하도록 도움		

미래 저널

Date: _____

제 4차 산업혁명시대의 거대한 파도 속에서 빅픽처, SQ, 서번트리더십의
역량을 키워 시대의 큰 파도를 마음껏 즐길 수 있는 새 시대 서퍼(surfer)
가 양성되는 그 날까지

● 사람, 동물, 식물, 미생물, 자연, 현상에 대한 감사거리를 3가지 적어보세요.

_____

_____

_____

● 나는 누구인가요? (나는 '김철수'입니다. 나는 학생입니다. 그런 것 말고요...)

_____

● 세상에 선한 영향력을 미친 한 사람을 선정해봐요. (이름 / 선정이유)

이름: _____

선정이유: _____

● 오늘 친구나 가족과 함께 시간 가는 줄 모르는 놀이를 했으면 그것을 적어보세요.

_____

● 오늘 왜 공부를 하는지, 왜 사는지, 왜 그 일을 하는지를 생각해본 적이 있으면
  나름대로 얻어낸 답을 하나라도 적어보세요.

_____

● 오늘 화가 나는 일이 있었다면 가장 화난 일을 적어보세요.

_____

● 아래 내용 중에서 오늘 내가 노력해본 것이 있으면 왼쪽에 체크 표시를 하세요.

☐ 겸손	☐ 편견을 없애려고 함	☐ 주어진 일을 마무리 함
☐ 남의 유익 생각	☐ 외모로 판단하지 않음	☐ 이해하며 귀기울여 들음
☐ 남을 감싸주려고 함	☐ 어려운 사람을 도움	☐ 다른 사람의 생각을 소중하게 여김
☐ 시기 질투하지 않으려고 함	☐ 느긋하려고 함	☐ 남의 정신적, 육체적 건강을 돌봄
☐ 남을 불쌍히 여김	☐ 꾸준함과 지속성 노력	☐ 내 장점과 단점 파악해 봄
☐ 남을 존중함	☐ 실망하지 않으려고 함	☐ 남들에게 좋은 일을 하자고 설득
☐ 비판하지 않으려고 함	☐ 잘난 체 하지 않으려 함	☐ 내가 갖고 있는 것을 남들과 나눔
☐ 남이 성장하도록 도움		

미래 저널

Date: _____

제 4차 산업혁명시대의 거대한 파도 속에서 빅픽처, SQ, 서번트리더십의
역량을 키워 시대의 큰 파도를 마음껏 즐길 수 있는 새 시대 서퍼(surfer)
가 양성되는 그 날까지

● 사람, 동물, 식물, 미생물, 자연, 현상에 대한 감사거리를 3가지 적어보세요.

_____

_____

_____

● 나는 누구인가요? (나는 '김철수'입니다. 나는 학생입니다. 그런 것 말고요...)

_____

● 세상에 선한 영향력을 미친 한 사람을 선정해봐요. (이름 / 선정이유)

이름: _____

선정이유: _____

● 오늘 친구나 가족과 함께 시간 가는 줄 모르는 놀이를 했으면 그것을 적어보세요.

_____

● 오늘 왜 공부를 하는지, 왜 사는지, 왜 그 일을 하는지를 생각해본 적이 있으면
  나름대로 얻어낸 답을 하나라도 적어보세요.

_____

● **오늘 화가 나는 일이 있었다면 가장 화난 일을 적어보세요.**

_____

● 아래 내용 중에서 오늘 내가 노력해본 것이 있으면 왼쪽에 체크 표시를 하세요.

☐ 겸손	☐ 편견을 없애려고 함	☐ 주어진 일을 마무리 함
☐ 남의 유익 생각	☐ 외모로 판단하지 않음	☐ 이해하며 귀기울여 들음
☐ 남을 감싸주려고 함	☐ 어려운 사람을 도움	☐ 다른 사람의 생각을 소중하게 여김
☐ 시기 질투하지 않으려고 함	☐ 느긋하려고 함	☐ 남의 정신적, 육체적 건강을 돌봄
☐ 남을 불쌍히 여김	☐ 꾸준함과 지속성 노력	☐ 내 장점과 단점 파악해 봄
☐ 남을 존중함	☐ 실망하지 않으려고 함	☐ 남들에게 좋은 일을 하자고 설득
☐ 비판하지 않으려고 함	☐ 잘난 체 하지 않으려 함	☐ 내가 갖고 있는 것을 남들과 나눔
☐ 남이 성장하도록 도움		

미래 저널

Date: _____

제 4차 산업혁명시대의 거대한 파도 속에서 빅픽처, SQ, 서번트리더십의
역량을 키워 시대의 큰 파도를 마음껏 즐길 수 있는 새 시대 서퍼(surfer)
가 양성되는 그 날까지

● 사람, 동물, 식물, 미생물, 자연, 현상에 대한 감사거리를 3가지 적어보세요.

_____

_____

_____

● 나는 누구인가요? (나는 '김철수'입니다. 나는 학생입니다. 그런 것 말고요...)

_____

● 세상에 선한 영향력을 미친 한 사람을 선정해봐요. (이름 / 선정이유)

이름: _____

선정이유: _____

● 오늘 친구나 가족과 함께 시간 가는 줄 모르는 놀이를 했으면 그것을 적어보세요.

_____

● 오늘 왜 공부를 하는지, 왜 사는지, 왜 그 일을 하는지를 생각해본 적이 있으면
  나름대로 얻어낸 답을 하나라도 적어보세요.

_____

● 오늘 화가 나는 일이 있었다면 가장 화난 일을 적어보세요.

_____

● 아래 내용 중에서 오늘 내가 노력해본 것이 있으면 왼쪽에 체크 표시를 하세요.

☐ 겸손	☐ 편견을 없애려고 함	☐ 주어진 일을 마무리 함
☐ 남의 유익 생각	☐ 외모로 판단하지 않음	☐ 이해하며 귀기울여 들음
☐ 남을 감싸주려고 함	☐ 어려운 사람을 도움	☐ 다른 사람의 생각을 소중하게 여김
☐ 시기 질투하지 않으려고 함	☐ 느긋하려고 함	☐ 남의 정신적, 육체적 건강을 돌봄
☐ 남을 불쌍히 여김	☐ 꾸준함과 지속성 노력	☐ 내 장점과 단점 파악해 봄
☐ 남을 존중함	☐ 실망하지 않으려고 함	☐ 남들에게 좋은 일을 하자고 설득
☐ 비판하지 않으려고 함	☐ 잘난 체 하지 않으려 함	☐ 내가 갖고 있는 것을 남들과 나눔
☐ 남이 성장하도록 도움		

미래 저널

제 4차 산업혁명시대의 거대한 파도 속에서 빅픽처, SQ, 서번트리더십의 역량을 키워 시대의 큰 파도를 마음껏 즐길 수 있는 새 시대 서퍼(surfer)가 양성되는 그 날까지

● 사람, 동물, 식물, 미생물, 자연, 현상에 대한 감사거리를 3가지 적어보세요.

_____

_____

_____

● 나는 누구인가요? (나는 '김철수'입니다. 나는 학생입니다. 그런 것 말고요...)

_____

● 세상에 선한 영향력을 미친 한 사람을 선정해봐요. (이름 / 선정이유)

이름:

선정이유:

● 오늘 친구나 가족과 함께 시간 가는 줄 모르는 놀이를 했으면 그것을 적어보세요.

_____

● 오늘 왜 공부를 하는지, 왜 사는지, 왜 그 일을 하는지를 생각해본 적이 있으면 나름대로 얻어낸 답을 하나라도 적어보세요.

_____

● **오늘 화가 나는 일**이 있었다면 가장 화난 일을 적어보세요.

_____

● 아래 내용 중에서 오늘 내가 노력해본 것이 있으면 왼쪽에 체크 표시를 하세요.

☐ 겸손	☐ 편견을 없애려고 함	☐ 주어진 일을 마무리 함
☐ 남의 유익 생각	☐ 외모로 판단하지 않음	☐ 이해하며 귀기울여 들음
☐ 남을 감싸주려고 함	☐ 어려운 사람을 도움	☐ 다른 사람의 생각을 소중하게 여김
☐ 시기 질투하지 않으려고 함	☐ 느긋하려고 함	☐ 남의 정신적, 육체적 건강을 돌봄
☐ 남을 불쌍히 여김	☐ 꾸준함과 지속성 노력	☐ 내 장점과 단점 파악해 봄
☐ 남을 존중함	☐ 실망하지 않으려고 함	☐ 남들에게 좋은 일을 하자고 설득
☐ 비판하지 않으려고 함	☐ 잘난 체 하지 않으려 함	☐ 내가 갖고 있는 것을 남들과 나눔
☐ 남이 성장하도록 도움		

미래 저널

Date: _____

제 4차 산업혁명시대의 거대한 파도 속에서 빅픽처, SQ, 서번트리더십의 역량을 키워 시대의 큰 파도를 마음껏 즐길 수 있는 새 시대 서퍼(surfer)가 양성되는 그 날까지

● 사람, 동물, 식물, 미생물, 자연, 현상에 대한 감사거리를 3가지 적어보세요.

_____

_____

_____

● 나는 누구인가요? (나는 '김철수'입니다. 나는 학생입니다. 그런 것 말고요...)

_____

● 세상에 선한 영향력을 미친 한 사람을 선정해봐요. (이름 / 선정이유)

이름: _____

선정이유: _____

● 오늘 친구나 가족과 함께 시간 가는 줄 모르는 놀이를 했으면 그것을 적어보세요.

_____

● 오늘 왜 공부를 하는지, 왜 사는지, 왜 그 일을 하는지를 생각해본 적이 있으면 나름대로 얻어낸 답을 하나라도 적어보세요.

_____

● 오늘 화가 나는 일이 있었다면 가장 화난 일을 적어보세요.

_____

● 아래 내용 중에서 오늘 내가 노력해본 것이 있으면 왼쪽에 체크 표시를 하세요.

☐ 겸손	☐ 편견을 없애려고 함	☐ 주어진 일을 마무리 함
☐ 남의 유익 생각	☐ 외모로 판단하지 않음	☐ 이해하며 귀기울여 들음
☐ 남을 감싸주려고 함	☐ 어려운 사람을 도움	☐ 다른 사람의 생각을 소중하게 여김
☐ 시기 질투하지 않으려고 함	☐ 느긋하려고 함	☐ 남의 정신적, 육체적 건강을 돌봄
☐ 남을 불쌍히 여김	☐ 꾸준함과 지속성 노력	☐ 내 장점과 단점 파악해 봄
☐ 남을 존중함	☐ 실망하지 않으려고 함	☐ 남들에게 좋은 일을 하자고 설득
☐ 비판하지 않으려고 함	☐ 잘난 체 하지 않으려 함	☐ 내가 갖고 있는 것을 남들과 나눔
☐ 남이 성장하도록 도움		

파트너 링커 저널
Partner Linker Journal

Date: _____

실천 내용	서번트 리더십 10가지 특성	오늘 나의 실천 내용 적어보기
겸손과 섬김	청지기 정신, 이웃의 성장에 헌신, 공동체 세우기	
남의 유익을 생각함	공감, 청지기 정신, 이웃의 성장에 헌신, 공동체 세우기	
감싸주려고 함	공감, 치유, 이웃의 성장에 헌신, 공동체 세우기	
느긋하려고 함	개념화, 미래보기	
시기 질투하지 않으려고 함	인지, 이웃의 성장에 헌신, 공동체 세우기	
잘난 체 하지 않으려고 함	-	
주어진 일을 해내려고 함	청지기 정신, 이웃의 성장에 헌신, 공동체 세우기	

조직이나 집단의 지도자나 방향에 따르려고 함	경청, 공감, 인지, 개념화, 공동체 세우기
이해하며 귀기울여 들음	경청, 공감
다른 사람의 생각을 소중하게 여김	경청, 공감, 치유, 이웃의 성장에 헌신, 공동체 세우기
세상에서 벌어지는 일에 관심	인지, 개념화, 미래보기
이웃의 정신적, 육체적 건강을 돌봄	치유
내가 갖고 있는 것을 다른 사람과 나눔	청지기 정신
사람들과 좋은 일을 함께 하도록 설득 및 권면	설득
내 장점과 단점 파악	인지

미래 저널

제 4차 산업혁명시대의 거대한 파도 속에서 빅픽처, SQ, 서번트리더십의
역량을 키워 시대의 큰 파도를 마음껏 즐길 수 있는 새 시대 서퍼(surfer)
가 양성되는 그 날까지

● 사람, 동물, 식물, 미생물, 자연, 현상에 대한 감사거리를 3가지 적어보세요.

_____

_____

_____

● 나는 누구인가요? (나는 '김철수'입니다. 나는 학생입니다. 그런 것 말고요...)

_____

● 세상에 선한 영향력을 미친 한 사람을 선정해봐요. (이름 / 선정이유)

이름: _____

선정이유: _____

● 오늘 친구나 가족과 함께 시간 가는 줄 모르는 놀이를 했으면 그것을 적어보세요.

_____

● 오늘 왜 공부를 하는지, 왜 사는지, 왜 그 일을 하는지를 생각해본 적이 있으면
  나름대로 얻어낸 답을 하나라도 적어보세요.

_____

● 오늘 화가 나는 일이 있었다면 가장 화난 일을 적어보세요.

_____

● 아래 내용 중에서 오늘 내가 노력해본 것이 있으면 왼쪽에 체크 표시를 하세요.

☐ 겸손   ☐ 편견을 없애려고 함   ☐ 주어진 일을 마무리 함
☐ 남의 유익 생각   ☐ 외모로 판단하지 않음   ☐ 이해하며 귀기울여 들음
☐ 남을 감싸주려고 함   ☐ 어려운 사람을 도움   ☐ 다른 사람의 생각을 소중하게 여김
☐ 시기 질투하지 않으려고 함 ☐ 느긋하려고 함   ☐ 남의 정신적, 육체적 건강을 돌봄
☐ 남을 불쌍히 여김   ☐ 꾸준함과 지속성 노력   ☐ 내 장점과 단점 파악해 봄
☐ 남을 존중함   ☐ 실망하지 않으려고 함   ☐ 남들에게 좋은 일을 하자고 설득
☐ 비판하지 않으려고 함   ☐ 잘난 체 하지 않으려 함   ☐ 내가 갖고 있는 것을 남들과 나눔
☐ 남이 성장하도록 도움

미래 저널

제 4차 산업혁명시대의 거대한 파도 속에서 빅픽처, SQ, 서번트리더십의 역량을 키워 시대의 큰 파도를 마음껏 즐길 수 있는 새 시대 서퍼(surfer)가 양성되는 그 날까지

● 사람, 동물, 식물, 미생물, 자연, 현상에 대한 감사거리를 3가지 적어보세요.

_____

_____

_____

● 나는 누구인가요? (나는 '김철수'입니다. 나는 학생입니다. 그런 것 말고요...)

_____

● 세상에 선한 영향력을 미친 한 사람을 선정해봐요. (이름 / 선정이유)

이름: _____

선정이유: _____

● 오늘 친구나 가족과 함께 시간 가는 줄 모르는 놀이를 했으면 그것을 적어보세요.

_____

● 오늘 왜 공부를 하는지, 왜 사는지, 왜 그 일을 하는지를 생각해본 적이 있으면 나름대로 얻어낸 답을 하나라도 적어보세요.

_____

● 오늘 화가 나는 일이 있었다면 가장 화난 일을 적어보세요.

_____

● 아래 내용 중에서 오늘 내가 노력해본 것이 있으면 왼쪽에 체크 표시를 하세요.

☐ 겸손	☐ 편견을 없애려고 함	☐ 주어진 일을 마무리 함
☐ 남의 유익 생각	☐ 외모로 판단하지 않음	☐ 이해하며 귀기울여 들음
☐ 남을 감싸주려고 함	☐ 어려운 사람을 도움	☐ 다른 사람의 생각을 소중하게 여김
☐ 시기 질투하지 않으려고 함	☐ 느긋하려고 함	☐ 남의 정신적, 육체적 건강을 돌봄
☐ 남을 불쌍히 여김	☐ 꾸준함과 지속성 노력	☐ 내 장점과 단점 파악해 봄
☐ 남을 존중함	☐ 실망하지 않으려고 함	☐ 남들에게 좋은 일을 하자고 설득
☐ 비판하지 않으려고 함	☐ 잘난 체 하지 않으려 함	☐ 내가 갖고 있는 것을 남들과 나눔
☐ 남이 성장하도록 도움		

미래 저널

Date: _____

제 4차 산업혁명시대의 거대한 파도 속에서 빅픽처, SQ, 서번트리더십의 역량을 키워 시대의 큰 파도를 마음껏 즐길 수 있는 새 시대 서퍼(surfer)가 양성되는 그 날까지

- 사람, 동물, 식물, 미생물, 자연, 현상에 대한 감사거리를 3가지 적어보세요.

_____

_____

_____

- 나는 누구인가요? (나는 '김철수'입니다. 나는 학생입니다. 그런 것 말고요...)

_____

- 세상에 선한 영향력을 미친 한 사람을 선정해봐요. (이름 / 선정이유)

이름:

선정이유:

- 오늘 친구나 가족과 함께 시간 가는 줄 모르는 놀이를 했으면 그것을 적어보세요.

_____

- 오늘 왜 공부를 하는지, 왜 사는지, 왜 그 일을 하는지를 생각해본 적이 있으면 나름대로 얻어낸 답을 하나라도 적어보세요.

_____

- **오늘 화가 나는 일이 있었다면 가장 화난 일을 적어보세요.**

_____

- 아래 내용 중에서 오늘 내가 노력해본 것이 있으면 왼쪽에 체크 표시를 하세요.

☐ 겸손	☐ 편견을 없애려고 함	☐ 주어진 일을 마무리 함
☐ 남의 유익 생각	☐ 외모로 판단하지 않음	☐ 이해하며 귀기울여 들음
☐ 남을 감싸주려고 함	☐ 어려운 사람을 도움	☐ 다른 사람의 생각을 소중하게 여김
☐ 시기 질투하지 않으려고 함	☐ 느긋하려고 함	☐ 남의 정신적, 육체적 건강을 돌봄
☐ 남을 불쌍히 여김	☐ 꾸준함과 지속성 노력	☐ 내 장점과 단점 파악해 봄
☐ 남을 존중함	☐ 실망하지 않으려고 함	☐ 남들에게 좋은 일을 하자고 설득
☐ 비판하지 않으려고 함	☐ 잘난 체 하지 않으려 함	☐ 내가 갖고 있는 것을 남들과 나눔
☐ 남이 성장하도록 도움		

미래 저널

Date: _____

제 4차 산업혁명시대의 거대한 파도 속에서 빅픽처, SQ, 서번트리더십의 역량을 키워 시대의 큰 파도를 마음껏 즐길 수 있는 새 시대 서퍼(surfer)가 양성되는 그 날까지

● 사람, 동물, 식물, 미생물, 자연, 현상에 대한 감사거리를 3가지 적어보세요.

_____

_____

_____

● 나는 누구인가요? (나는 '김철수'입니다. 나는 학생입니다. 그런 것 말고요...)

_____

● 세상에 선한 영향력을 미친 한 사람을 선정해봐요. (이름 / 선정이유)

이름: _____

선정이유: _____

● 오늘 친구나 가족과 함께 시간 가는 줄 모르는 놀이를 했으면 그것을 적어보세요.

_____

● 오늘 왜 공부를 하는지, 왜 사는지, 왜 그 일을 하는지를 생각해본 적이 있으면 나름대로 얻어낸 답을 하나라도 적어보세요.

_____

● 오늘 화가 나는 일이 있었다면 가장 화난 일을 적어보세요.

_____

● 아래 내용 중에서 오늘 내가 노력해본 것이 있으면 왼쪽에 체크 표시를 하세요.

☐ 겸손	☐ 편견을 없애려고 함	☐ 주어진 일을 마무리 함
☐ 남의 유익 생각	☐ 외모로 판단하지 않음	☐ 이해하며 귀기울여 들음
☐ 남을 감싸주려고 함	☐ 어려운 사람을 도움	☐ 다른 사람의 생각을 소중하게 여김
☐ 시기 질투하지 않으려고 함	☐ 느긋하려고 함	☐ 남의 정신적, 육체적 건강을 돌봄
☐ 남을 불쌍히 여김	☐ 꾸준함과 지속성 노력	☐ 내 장점과 단점 파악해 봄
☐ 남을 존중함	☐ 실망하지 않으려고 함	☐ 남들에게 좋은 일을 하자고 설득
☐ 비판하지 않으려고 함	☐ 잘난 체 하지 않으려 함	☐ 내가 갖고 있는 것을 남들과 나눔
☐ 남이 성장하도록 도움		

미래 저널

Date: _____

제 4차 산업혁명시대의 거대한 파도 속에서 빅픽처, SQ, 서번트리더십의 역량을 키워 시대의 큰 파도를 마음껏 즐길 수 있는 새 시대 서퍼(surfer)가 양성되는 그 날까지

● 사람, 동물, 식물, 미생물, 자연, 현상에 대한 감사거리를 3가지 적어보세요.

_____

_____

_____

● 나는 누구인가요? (나는 '김철수'입니다. 나는 학생입니다. 그런 것 말고요...)

_____

● 세상에 선한 영향력을 미친 한 사람을 선정해봐요. (이름 / 선정이유)

이름: _____

선정이유: _____

● 오늘 친구나 가족과 함께 시간 가는 줄 모르는 놀이를 했으면 그것을 적어보세요.

_____

● 오늘 왜 공부를 하는지, 왜 사는지, 왜 그 일을 하는지를 생각해본 적이 있으면 나름대로 얻어낸 답을 하나라도 적어보세요.

_____

● 오늘 화가 나는 일이 있었다면 가장 화난 일을 적어보세요.

_____

● 아래 내용 중에서 오늘 내가 노력해본 것이 있으면 왼쪽에 체크 표시를 하세요.

☐ 겸손	☐ 편견을 없애려고 함	☐ 주어진 일을 마무리 함
☐ 남의 유익 생각	☐ 외모로 판단하지 않음	☐ 이해하며 귀기울여 들음
☐ 남을 감싸주려고 함	☐ 어려운 사람을 도움	☐ 다른 사람의 생각을 소중하게 여김
☐ 시기 질투하지 않으려고 함	☐ 느긋하려고 함	☐ 남의 정신적, 육체적 건강을 돌봄
☐ 남을 불쌍히 여김	☐ 꾸준함과 지속성 노력	☐ 내 장점과 단점 파악해 봄
☐ 남을 존중함	☐ 실망하지 않으려고 함	☐ 남들에게 좋은 일을 하자고 설득
☐ 비판하지 않으려고 함	☐ 잘난 체 하지 않으려 함	☐ 내가 갖고 있는 것을 남들과 나눔
☐ 남이 성장하도록 도움		

미래 저널

Date: _____

제 4차 산업혁명시대의 거대한 파도 속에서 빅픽처, SQ, 서번트리더십의
역량을 키워 시대의 큰 파도를 마음껏 즐길 수 있는 새 시대 서퍼(surfer)
가 양성되는 그 날까지

● 사람, 동물, 식물, 미생물, 자연, 현상에 대한 감사거리를 3가지 적어보세요.

_____

_____

_____

● 나는 누구인가요? (나는 '김철수'입니다. 나는 학생입니다. 그런 것 말고요...)

_____

● 세상에 선한 영향력을 미친 한 사람을 선정해봐요. (이름 / 선정이유)

이름:

선정이유:

● 오늘 친구나 가족과 함께 시간 가는 줄 모르는 놀이를 했으면 그것을 적어보세요.

_____

● 오늘 왜 공부를 하는지, 왜 사는지, 왜 그 일을 하는지를 생각해본 적이 있으면
  나름대로 얻어낸 답을 하나라도 적어보세요.

_____

● 오늘 화가 나는 일이 있었다면 가장 화난 일을 적어보세요.

_____

● 아래 내용 중에서 오늘 내가 노력해본 것이 있으면 왼쪽에 체크 표시를 하세요.

☐ 겸손	☐ 편견을 없애려고 함	☐ 주어진 일을 마무리 함
☐ 남의 유익 생각	☐ 외모로 판단하지 않음	☐ 이해하며 귀기울여 들음
☐ 남을 감싸주려고 함	☐ 어려운 사람을 도움	☐ 다른 사람의 생각을 소중하게 여김
☐ 시기 질투하지 않으려고 함	☐ 느긋하려고 함	☐ 남의 정신적, 육체적 건강을 돌봄
☐ 남을 불쌍히 여김	☐ 꾸준함과 지속성 노력	☐ 내 장점과 단점 파악해 봄
☐ 남을 존중함	☐ 실망하지 않으려고 함	☐ 남들에게 좋은 일을 하자고 설득
☐ 비판하지 않으려고 함	☐ 잘난 체 하지 않으려 함	☐ 내가 갖고 있는 것을 남들과 나눔
☐ 남이 성장하도록 도움		

미래 저널

Date: _____

제 4차 산업혁명시대의 거대한 파도 속에서 빅픽처, SQ, 서번트리더십의
역량을 키워 시대의 큰 파도를 마음껏 즐길 수 있는 새 시대 서퍼(surfer)
가 양성되는 그 날까지

● 사람, 동물, 식물, 미생물, 자연, 현상에 대한 감사거리를 3가지 적어보세요.

_____

_____

_____

● 나는 누구인가요? (나는 '김철수'입니다. 나는 학생입니다. 그런 것 말고요...)

_____

● 세상에 선한 영향력을 미친 한 사람을 선정해봐요. (이름 / 선정이유)

이름: _____

선정이유: _____

● 오늘 친구나 가족과 함께 시간 가는 줄 모르는 놀이를 했으면 그것을 적어보세요.

_____

● 오늘 왜 공부를 하는지, 왜 사는지, 왜 그 일을 하는지를 생각해본 적이 있으면
  나름대로 얻어낸 답을 하나라도 적어보세요.

_____

● **오늘** 화가 나는 일이 있었다면 가장 화난 일을 적어보세요.

_____

● 아래 내용 중에서 오늘 내가 노력해본 것이 있으면 왼쪽에 체크 표시를 하세요.

☐ 겸손	☐ 편견을 없애려고 함	☐ 주어진 일을 마무리 함
☐ 남의 유익 생각	☐ 외모로 판단하지 않음	☐ 이해하며 귀기울여 들음
☐ 남을 감싸주려고 함	☐ 어려운 사람을 도움	☐ 다른 사람의 생각을 소중하게 여김
☐ 시기 질투하지 않으려고 함	☐ 느긋하려고 함	☐ 남의 정신적, 육체적 건강을 돌봄
☐ 남을 불쌍히 여김	☐ 꾸준함과 지속성 노력	☐ 내 장점과 단점 파악해 봄
☐ 남을 존중함	☐ 실망하지 않으려고 함	☐ 남들에게 좋은 일을 하자고 설득
☐ 비판하지 않으려고 함	☐ 잘난 체 하지 않으려 함	☐ 내가 갖고 있는 것을 남들과 나눔
☐ 남이 성장하도록 도움		

파트너 링커 저널
Partner Linker Journal

Date: _____

실천 내용	서번트 리더십 10가지 특성	오늘 나의 실천 내용 적어보기
겸손과 섬김	청지기 정신, 이웃의 성장에 헌신, 공동체 세우기	
남의 유익을 생각함	공감, 청지기 정신, 이웃의 성장에 헌신, 공동체 세우기	
감싸주려고 함	공감, 치유, 이웃의 성장에 헌신, 공동체 세우기	
느긋하려고 함	개념화, 미래보기	
시기 질투하지 않으려고 함	인지, 이웃의 성장에 헌신, 공동체 세우기	
잘난 체 하지 않으려고 함	-	
주어진 일을 해내려고 함	청지기 정신, 이웃의 성장에 헌신, 공동체 세우기	

조직이나 집단의 지도자나 방향에 따르려고 함	경청, 공감, 인지, 개념화, 공동체 세우기
이해하며 귀기울여 들음	경청, 공감
다른 사람의 생각을 소중하게 여김	경청, 공감, 치유, 이웃의 성장에 헌신, 공동체 세우기
세상에서 벌어지는 일에 관심	인지, 개념화, 미래보기
이웃의 정신적, 육체적 건강을 돌봄	치유
내가 갖고 있는 것을 다른 사람과 나눔	청지기 정신
사람들과 좋은 일을 함께 하도록 설득 및 권면	설득
내 장점과 단점 파악	인지

미래 저널

제 4차 산업혁명시대의 거대한 파도 속에서 빅픽처, SQ, 서번트리더십의
역량을 키워 시대의 큰 파도를 마음껏 즐길 수 있는 새 시대 서퍼(surfer)
가 양성되는 그 날까지

● 사람, 동물, 식물, 미생물, 자연, 현상에 대한 감사거리를 3가지 적어보세요.

_____

_____

_____

● 나는 누구인가요? (나는 '김철수'입니다. 나는 학생입니다. 그런 것 말고요...)

_____

● 세상에 선한 영향력을 미친 한 사람을 선정해봐요. (이름 / 선정이유)

이름: _____

선정이유: _____

● 오늘 친구나 가족과 함께 시간 가는 줄 모르는 놀이를 했으면 그것을 적어보세요.

_____

● 오늘 왜 공부를 하는지, 왜 사는지, 왜 그 일을 하는지를 생각해본 적이 있으면
  나름대로 얻어낸 답을 하나라도 적어보세요.

_____

● 오늘 화가 나는 일이 있었다면 가장 화난 일을 적어보세요.

_____

● 아래 내용 중에서 오늘 내가 노력해본 것이 있으면 왼쪽에 체크 표시를 하세요.

☐ 겸손	☐ 편견을 없애려고 함	☐ 주어진 일을 마무리 함
☐ 남의 유익 생각	☐ 외모로 판단하지 않음	☐ 이해하며 귀기울여 들음
☐ 남을 감싸주려고 함	☐ 어려운 사람을 도움	☐ 다른 사람의 생각을 소중하게 여김
☐ 시기 질투하지 않으려고 함	☐ 느긋하려고 함	☐ 남의 정신적, 육체적 건강을 돌봄
☐ 남을 불쌍히 여김	☐ 꾸준함과 지속성 노력	☐ 내 장점과 단점 파악해 봄
☐ 남을 존중함	☐ 실망하지 않으려고 함	☐ 남들에게 좋은 일을 하자고 설득
☐ 비판하지 않으려고 함	☐ 잘난 체 하지 않으려 함	☐ 내가 갖고 있는 것을 남들과 나눔
☐ 남이 성장하도록 도움		

미래 저널

Date: _____

제 4차 산업혁명시대의 거대한 파도 속에서 빅픽처, SQ, 서번트리더십의
역량을 키워 시대의 큰 파도를 마음껏 즐길 수 있는 새 시대 서퍼(surfer)
가 양성되는 그 날까지

● 사람, 동물, 식물, 미생물, 자연, 현상에 대한 감사거리를 3가지 적어보세요.

_____

_____

_____

● 나는 누구인가요? (나는 '김철수'입니다. 나는 학생입니다. 그런 것 말고요...)

_____

● 세상에 선한 영향력을 미친 한 사람을 선정해봐요. (이름 / 선정이유)

이름: _____

선정이유: _____

● 오늘 친구나 가족과 함께 시간 가는 줄 모르는 놀이를 했으면 그것을 적어보세요.

_____

● 오늘 왜 공부를 하는지, 왜 사는지, 왜 그 일을 하는지를 생각해본 적이 있으면
  나름대로 얻어낸 답을 하나라도 적어보세요.

_____

● **오늘** 화가 나는 일이 있었다면 가장 화난 일을 적어보세요.

_____

● 아래 내용 중에서 오늘 내가 노력해본 것이 있으면 왼쪽에 체크 표시를 하세요.

☐ 겸손	☐ 편견을 없애려고 함	☐ 주어진 일을 마무리 함
☐ 남의 유익 생각	☐ 외모로 판단하지 않음	☐ 이해하며 귀기울여 들음
☐ 남을 감싸주려고 함	☐ 어려운 사람을 도움	☐ 다른 사람의 생각을 소중하게 여김
☐ 시기 질투하지 않으려고 함	☐ 느긋하려고 함	☐ 남의 정신적, 육체적 건강을 돌봄
☐ 남을 불쌍히 여김	☐ 꾸준함과 지속성 노력	☐ 내 장점과 단점 파악해 봄
☐ 남을 존중함	☐ 실망하지 않으려고 함	☐ 남들에게 좋은 일을 하자고 설득
☐ 비판하지 않으려고 함	☐ 잘난 체 하지 않으려 함	☐ 내가 갖고 있는 것을 남들과 나눔
☐ 남이 성장하도록 도움		

미래 저널

Date: _____

제 4차 산업혁명시대의 거대한 파도 속에서 빅픽처, SQ, 서번트리더십의 역량을 키워 시대의 큰 파도를 마음껏 즐길 수 있는 새 시대 서퍼(surfer)가 양성되는 그 날까지

● 사람, 동물, 식물, 미생물, 자연, 현상에 대한 감사거리를 3가지 적어보세요.

_____

_____

_____

● 나는 누구인가요? (나는 '김철수'입니다. 나는 학생입니다. 그런 것 말고요...)

_____

● 세상에 선한 영향력을 미친 한 사람을 선정해봐요. (이름 / 선정이유)

이름: _____

선정이유: _____

● 오늘 친구나 가족과 함께 시간 가는 줄 모르는 놀이를 했으면 그것을 적어보세요.

_____

● 오늘 왜 공부를 하는지, 왜 사는지, 왜 그 일을 하는지를 생각해본 적이 있으면 나름대로 얻어낸 답을 하나라도 적어보세요.

_____

● 오늘 화가 나는 일이 있었다면 가장 화난 일을 적어보세요.

_____

● 아래 내용 중에서 오늘 내가 노력해본 것이 있으면 왼쪽에 체크 표시를 하세요.

☐ 겸손	☐ 편견을 없애려고 함	☐ 주어진 일을 마무리 함
☐ 남의 유익 생각	☐ 외모로 판단하지 않음	☐ 이해하며 귀기울여 들음
☐ 남을 감싸주려고 함	☐ 어려운 사람을 도움	☐ 다른 사람의 생각을 소중하게 여김
☐ 시기 질투하지 않으려고 함	☐ 느긋하려고 함	☐ 남의 정신적, 육체적 건강을 돌봄
☐ 남을 불쌍히 여김	☐ 꾸준함과 지속성 노력	☐ 내 장점과 단점 파악해 봄
☐ 남을 존중함	☐ 실망하지 않으려고 함	☐ 남들에게 좋은 일을 하자고 설득
☐ 비판하지 않으려고 함	☐ 잘난 체 하지 않으려 함	☐ 내가 갖고 있는 것을 남들과 나눔
☐ 남이 성장하도록 도움		

미래 저널

제 4차 산업혁명시대의 거대한 파도 속에서 빅픽처, SQ, 서번트리더십의
역량을 키워 시대의 큰 파도를 마음껏 즐길 수 있는 새 시대 서퍼(surfer)
가 양성되는 그 날까지

● 사람, 동물, 식물, 미생물, 자연, 현상에 대한 감사거리를 3가지 적어보세요.

_____

_____

_____

● 나는 누구인가요? (나는 '김철수'입니다. 나는 학생입니다. 그런 것 말고요...)

_____

● 세상에 선한 영향력을 미친 한 사람을 선정해봐요. (이름 / 선정이유)

이름: _____

선정이유: _____

● 오늘 친구나 가족과 함께 시간 가는 줄 모르는 놀이를 했으면 그것을 적어보세요.

_____

● 오늘 왜 공부를 하는지, 왜 사는지, 왜 그 일을 하는지를 생각해본 적이 있으면
  나름대로 얻어낸 답을 하나라도 적어보세요.

_____

● 오늘 화가 나는 일이 있었다면 가장 화난 일을 적어보세요.

_____

● 아래 내용 중에서 오늘 내가 노력해본 것이 있으면 왼쪽에 체크 표시를 하세요.

☐ 겸손	☐ 편견을 없애려고 함	☐ 주어진 일을 마무리 함
☐ 남의 유익 생각	☐ 외모로 판단하지 않음	☐ 이해하며 귀기울여 들음
☐ 남을 감싸주려고 함	☐ 어려운 사람을 도움	☐ 다른 사람의 생각을 소중하게 여김
☐ 시기 질투하지 않으려고 함	☐ 느긋하려고 함	☐ 남의 정신적, 육체적 건강을 돌봄
☐ 남을 불쌍히 여김	☐ 꾸준함과 지속성 노력	☐ 내 장점과 단점 파악해 봄
☐ 남을 존중함	☐ 실망하지 않으려고 함	☐ 남들에게 좋은 일을 하자고 설득
☐ 비판하지 않으려고 함	☐ 잘난 체 하지 않으려 함	☐ 내가 갖고 있는 것을 남들과 나눔
☐ 남이 성장하도록 도움		

미래 저널

Date: _____

제 4차 산업혁명시대의 거대한 파도 속에서 빅픽처, SQ, 서번트리더십의 역량을 키워 시대의 큰 파도를 마음껏 즐길 수 있는 새 시대 서퍼(surfer)가 양성되는 그 날까지

● 사람, 동물, 식물, 미생물, 자연, 현상에 대한 감사거리를 3가지 적어보세요.

_____

_____

_____

● 나는 누구인가요? (나는 '김철수'입니다. 나는 학생입니다. 그런 것 말고요...)

_____

● 세상에 선한 영향력을 미친 한 사람을 선정해봐요. (이름 / 선정이유)

이름: _____

선정이유: _____

● 오늘 친구나 가족과 함께 시간 가는 줄 모르는 놀이를 했으면 그것을 적어보세요.

_____

● 오늘 왜 공부를 하는지, 왜 사는지, 왜 그 일을 하는지를 생각해본 적이 있으면 나름대로 얻어낸 답을 하나라도 적어보세요.

_____

● **오늘 화가 나는 일이 있었다면 가장 화난 일을 적어보세요.**

_____

● 아래 내용 중에서 오늘 내가 노력해본 것이 있으면 왼쪽에 체크 표시를 하세요.

☐ 겸손	☐ 편견을 없애려고 함	☐ 주어진 일을 마무리 함
☐ 남의 유익 생각	☐ **외모로 판단하지 않음**	☐ 이해하며 귀기울여 들음
☐ 남을 감싸주려고 함	☐ 어려운 사람을 도움	☐ 다른 사람의 생각을 소중하게 여김
☐ **시기 질투하지 않으려고 함**	☐ **느긋하려고 함**	☐ **남의 정신적, 육체적 건강을 돌봄**
☐ 남을 불쌍히 여김	☐ 꾸준함과 지속성 노력	☐ 내 장점과 단점 파악해 봄
☐ **남을 존중함**	☐ **실망하지 않으려고 함**	☐ **남들에게 좋은 일을 하자고 설득**
☐ 비판하지 않으려고 함	☐ 잘난 체 하지 않으려 함	☐ 내가 갖고 있는 것을 남들과 나눔
☐ **남이 성장하도록 도움**		

미래 저널

Date: _____

제 4차 산업혁명시대의 거대한 파도 속에서 빅픽처, SQ, 서번트리더십의 역량을 키워 시대의 큰 파도를 마음껏 즐길 수 있는 새 시대 서퍼(surfer)가 양성되는 그 날까지

● 사람, 동물, 식물, 미생물, 자연, 현상에 대한 감사거리를 3가지 적어보세요.

_____

_____

_____

● 나는 누구인가요? (나는 '김철수'입니다. 나는 학생입니다. 그런 것 말고요...)

_____

● 세상에 선한 영향력을 미친 한 사람을 선정해봐요. (이름 / 선정이유)

이름: _____

선정이유: _____

● 오늘 친구나 가족과 함께 시간 가는 줄 모르는 놀이를 했으면 그것을 적어보세요.

_____

● 오늘 왜 공부를 하는지, 왜 사는지, 왜 그 일을 하는지를 생각해본 적이 있으면 나름대로 얻어낸 답을 하나라도 적어보세요.

_____

● **오늘 화**가 나는 일이 있었다면 가장 화난 일을 적어보세요.

_____

● 아래 내용 중에서 오늘 내가 노력해본 것이 있으면 왼쪽에 체크 표시를 하세요.

☐ 겸손	☐ 편견을 없애려고 함	☐ 주어진 일을 마무리 함
☐ 남의 유익 생각	☐ 외모로 판단하지 않음	☐ 이해하며 귀기울여 들음
☐ 남을 감싸주려고 함	☐ 어려운 사람을 도움	☐ 다른 사람의 생각을 소중하게 여김
☐ 시기 질투하지 않으려고 함	☐ 느긋하려고 함	☐ 남의 정신적, 육체적 건강을 돌봄
☐ 남을 불쌍히 여김	☐ 꾸준함과 지속성 노력	☐ 내 장점과 단점 파악해 봄
☐ 남을 존중함	☐ 실망하지 않으려고 함	☐ 남들에게 좋은 일을 하자고 설득
☐ 비판하지 않으려고 함	☐ 잘난 체 하지 않으려 함	☐ 내가 가지고 있는 것을 남들과 나눔
☐ 남이 성장하도록 도움		

미래 저널

Date: _____

제 4차 산업혁명시대의 거대한 파도 속에서 빅픽처, SQ, 서번트리더십의 역량을 키워 시대의 큰 파도를 마음껏 즐길 수 있는 새 시대 서퍼(surfer)가 양성되는 그 날까지

● 사람, 동물, 식물, 미생물, 자연, 현상에 대한 감사거리를 3가지 적어보세요.

_____

_____

_____

● 나는 누구인가요? (나는 '김철수'입니다. 나는 학생입니다. 그런 것 말고요...)

_____

● 세상에 선한 영향력을 미친 한 사람을 선정해봐요. (이름 / 선정이유)

이름: _____

선정이유: _____

● 오늘 친구나 가족과 함께 시간 가는 줄 모르는 놀이를 했으면 그것을 적어보세요.

_____

● 오늘 왜 공부를 하는지, 왜 사는지, 왜 그 일을 하는지를 생각해본 적이 있으면 나름대로 얻어낸 답을 하나라도 적어보세요.

_____

● **오늘 화가 나는 일이 있었다면** 가장 화난 일을 적어보세요.

_____

● 아래 내용 중에서 오늘 내가 노력해본 것이 있으면 왼쪽에 체크 표시를 하세요.

☐ 겸손	☐ 편견을 없애려고 함	☐ 주어진 일을 마무리 함
☐ 남의 유익 생각	☐ 외모로 판단하지 않음	☐ 이해하며 귀기울여 들음
☐ 남을 감싸주려고 함	☐ 어려운 사람을 도움	☐ 다른 사람의 생각을 소중하게 여김
☐ 시기 질투하지 않으려고 함	☐ 느긋하려고 함	☐ 남의 정신적, 육체적 건강을 돌봄
☐ 남을 불쌍히 여김	☐ 꾸준함과 지속성 노력	☐ 내 장점과 단점 파악해 봄
☐ 남을 존중함	☐ 실망하지 않으려고 함	☐ 남들에게 좋은 일을 하자고 설득
☐ 비판하지 않으려고 함	☐ 잘난 체 하지 않으려 함	☐ 내가 갖고 있는 것을 남들과 나눔
☐ 남이 성장하도록 도움		

파트너 링커 저널
Partner Linker Journal

Date: _____

실천 내용	서번트 리더십 10가지 특성	오늘 나의 실천 내용 적어보기
겸손과 섬김	청지기 정신, 이웃의 성장에 헌신, 공동체 세우기	
남의 유익을 생각함	공감, 청지기 정신, 이웃의 성장에 헌신, 공동체 세우기	
감싸주려고 함	공감, 치유, 이웃의 성장에 헌신, 공동체 세우기	
느긋하려고 함	개념화, 미래보기	
시기 질투하지 않으려고 함	인지, 이웃의 성장에 헌신, 공동체 세우기	
잘난 체 하지 않으려고 함	-	
주어진 일을 해내려고 함	청지기 정신, 이웃의 성장에 헌신, 공동체 세우기	

조직이나 집단의 지도나 방향에 따르려고 함	경청, 공감, 인지, 개념화, 공동체 세우기
이해하며 귀기울여 들음	경청, 공감
다른 사람의 생각을 소중하게 여김	경청, 공감, 치유, 이웃의 성장에 헌신, 공동체 세우기
세상에서 벌어지는 일에 관심	인지, 개념화, 미래보기
이웃의 정신적, 육체적 건강을 돌봄	치유
내가 갖고 있는 것을 다른 사람과 나눔	청지기 정신
사람들과 좋은 일을 함께 하도록 설득 및 권면	설득
내 장점과 단점 파악	인지

미래 저널

Date: _____

제 4차 산업혁명시대의 거대한 파도 속에서 빅픽처, SQ, 서번트리더십의 역량을 키워 시대의 큰 파도를 마음껏 즐길 수 있는 새 시대 서퍼(surfer)가 양성되는 그 날까지

● 사람, 동물, 식물, 미생물, 자연, 현상에 대한 감사거리를 3가지 적어보세요.

_____

_____

_____

● 나는 누구인가요? (나는 '김철수'입니다. 나는 학생입니다. 그런 것 말고요...)

_____

● 세상에 선한 영향력을 미친 한 사람을 선정해봐요. (이름 / 선정이유)

이름: _____

선정이유: _____

● 오늘 친구나 가족과 함께 시간 가는 줄 모르는 놀이를 했으면 그것을 적어보세요.

_____

● 오늘 왜 공부를 하는지, 왜 사는지, 왜 그 일을 하는지를 생각해본 적이 있으면 나름대로 얻어낸 답을 하나라도 적어보세요.

_____

● 오늘 화가 나는 일이 있었다면 가장 화난 일을 적어보세요.

_____

● 아래 내용 중에서 오늘 내가 노력해본 것이 있으면 왼쪽에 체크 표시를 하세요.

☐ 겸손	☐ 편견을 없애려고 함	☐ 주어진 일을 마무리 함
☐ 남의 유익 생각	☐ 외모로 판단하지 않음	☐ 이해하며 귀기울여 들음
☐ 남을 감싸주려고 함	☐ 어려운 사람을 도움	☐ 다른 사람의 생각을 소중하게 여김
☐ 시기 질투하지 않으려고 함	☐ 느긋하려고 함	☐ 남의 정신적, 육체적 건강을 돌봄
☐ 남을 불쌍히 여김	☐ 꾸준함과 지속성 노력	☐ 내 장점과 단점 파악해 봄
☐ 남을 존중함	☐ 실망하지 않으려고 함	☐ 남들에게 좋은 일을 하자고 설득
☐ 비판하지 않으려고 함	☐ 잘난 체 하지 않으려 함	☐ 내가 갖고 있는 것을 남들과 나눔
☐ 남이 성장하도록 도움		

미래 저널

Date: _____

제 4차 산업혁명시대의 거대한 파도 속에서 빅픽처, SQ, 서번트리더십의 역량을 키워 시대의 큰 파도를 마음껏 즐길 수 있는 새 시대 서퍼(surfer)가 양성되는 그 날까지

● 사람, 동물, 식물, 미생물, 자연, 현상에 대한 감사거리를 3가지 적어보세요.

_____

_____

_____

● 나는 누구인가요? (나는 '김철수'입니다. 나는 학생입니다. 그런 것 말고요...)

_____

● 세상에 선한 영향력을 미친 한 사람을 선정해봐요. (이름 / 선정이유)

이름: _____

선정이유: _____

● 오늘 친구나 가족과 함께 시간 가는 줄 모르는 놀이를 했으면 그것을 적어보세요.

_____

● 오늘 왜 공부를 하는지, 왜 사는지, 왜 그 일을 하는지를 생각해본 적이 있으면 나름대로 얻어낸 답을 하나라도 적어보세요.

_____

● 오늘 화가 나는 일이 있었다면 가장 화난 일을 적어보세요.

_____

● 아래 내용 중에서 오늘 내가 노력해본 것이 있으면 왼쪽에 체크 표시를 하세요.

☐ 겸손	☐ 편견을 없애려고 함	☐ 주어진 일을 마무리 함
☐ 남의 유익 생각	☐ 외모로 판단하지 않음	☐ 이해하며 귀기울여 들음
☐ 남을 감싸주려고 함	☐ 어려운 사람을 도움	☐ 다른 사람의 생각을 소중하게 여김
☐ 시기 질투하지 않으려고 함	☐ 느긋하려고 함	☐ 남의 정신적, 육체적 건강을 돌봄
☐ 남을 불쌍히 여김	☐ 꾸준함과 지속성 노력	☐ 내 장점과 단점 파악해 봄
☐ 남을 존중함	☐ 실망하지 않으려고 함	☐ 남들에게 좋은 일을 하자고 설득
☐ 비판하지 않으려고 함	☐ 잘난 체 하지 않으려 함	☐ 내가 갖고 있는 것을 남들과 나눔
☐ 남이 성장하도록 도움		

미래 저널

Date: _____

제 4차 산업혁명시대의 거대한 파도 속에서 빅픽처, SQ, 서번트리더십의 역량을 키워 시대의 큰 파도를 마음껏 즐길 수 있는 새 시대 서퍼(surfer)가 양성되는 그 날까지

● 사람, 동물, 식물, 미생물, 자연, 현상에 대한 감사거리를 3가지 적어보세요.

_____

_____

_____

● 나는 누구인가요? (나는 '김철수'입니다. 나는 학생입니다. 그런 것 말고요...)

_____

● 세상에 선한 영향력을 미친 한 사람을 선정해봐요. (이름 / 선정이유)

이름: _____

선정이유: _____

● 오늘 친구나 가족과 함께 시간 가는 줄 모르는 놀이를 했으면 그것을 적어보세요.

_____

● 오늘 왜 공부를 하는지, 왜 사는지, 왜 그 일을 하는지를 생각해본 적이 있으면 나름대로 얻어낸 답을 하나라도 적어보세요.

_____

● 오늘 화가 나는 일이 있었다면 가장 화난 일을 적어보세요.

_____

● 아래 내용 중에서 오늘 내가 노력해본 것이 있으면 왼쪽에 체크 표시를 하세요.

☐ 겸손	☐ 편견을 없애려고 함	☐ 주어진 일을 마무리 함
☐ 남의 유익 생각	☐ 외모로 판단하지 않음	☐ 이해하며 귀기울여 들음
☐ 남을 감싸주려고 함	☐ 어려운 사람을 도움	☐ 다른 사람의 생각을 소중하게 여김
☐ 시기 질투하지 않으려고 함	☐ 느긋하려고 함	☐ 남의 정신적, 육체적 건강을 돌봄
☐ 남을 불쌍히 여김	☐ 꾸준함과 지속성 노력	☐ 내 장점과 단점 파악해 봄
☐ 남을 존중함	☐ 실망하지 않으려고 함	☐ 남들에게 좋은 일을 하자고 설득
☐ 비판하지 않으려고 함	☐ 잘난 체 하지 않으려 함	☐ 내가 갖고 있는 것을 남들과 나눔
☐ 남이 성장하도록 도움		

미래 저널

Date: _____

제 4차 산업혁명시대의 거대한 파도 속에서 빅픽처, SQ, 서번트리더십의
역량을 키워 시대의 큰 파도를 마음껏 즐길 수 있는 새 시대 서퍼(surfer)
가 양성되는 그 날까지

● 사람, 동물, 식물, 미생물, 자연, 현상에 대한 감사거리를 3가지 적어보세요.

_____

_____

_____

● 나는 누구인가요? (나는 '김철수'입니다. 나는 학생입니다. 그런 것 말고요...)

_____

● 세상에 선한 영향력을 미친 한 사람을 선정해봐요. (이름 / 선정이유)

이름: _____

선정이유: _____

● 오늘 친구나 가족과 함께 시간 가는 줄 모르는 놀이를 했으면 그것을 적어보세요.

_____

● 오늘 왜 공부를 하는지, 왜 사는지, 왜 그 일을 하는지를 생각해본 적이 있으면
  나름대로 얻어낸 답을 하나라도 적어보세요.

_____

● **오늘 화가 나는 일이 있었다면 가장 화난 일을 적어보세요.**

_____

● 아래 내용 중에서 오늘 내가 노력해본 것이 있으면 왼쪽에 체크 표시를 하세요.

☐ 겸손	☐ 편견을 없애려고 함	☐ 주어진 일을 마무리 함
☐ 남의 유익 생각	☐ 외모로 판단하지 않음	☐ 이해하며 귀기울여 들음
☐ 남을 감싸주려고 함	☐ 어려운 사람을 도움	☐ 다른 사람의 생각을 소중하게 여김
☐ 시기 질투하지 않으려고 함	☐ 느긋하려고 함	☐ 남의 정신적, 육체적 건강을 돌봄
☐ 남을 불쌍히 여김	☐ 꾸준함과 지속성 노력	☐ 내 장점과 단점 파악해 봄
☐ 남을 존중함	☐ 실망하지 않으려고 함	☐ 남들에게 좋은 일을 하자고 설득
☐ 비판하지 않으려고 함	☐ 잘난 체 하지 않으려 함	☐ 내가 갖고 있는 것을 남들과 나눔
☐ 남이 성장하도록 도움		

미래 저널 　Date: _____

제 4차 산업혁명시대의 거대한 파도 속에서 빅픽처, SQ, 서번트리더십의
역량을 키워 시대의 큰 파도를 마음껏 즐길 수 있는 새 시대 서퍼(surfer)
가 양성되는 그 날까지

● 사람, 동물, 식물, 미생물, 자연, 현상에 대한 감사거리를 3가지 적어보세요.

_____

_____

_____

● 나는 누구인가요? (나는 '김철수'입니다. 나는 학생입니다. 그런 것 말고요...)

_____

● 세상에 선한 영향력을 미친 한 사람을 선정해봐요. (이름 / 선정이유)

이름:

선정이유:

● 오늘 친구나 가족과 함께 시간 가는 줄 모르는 놀이를 했으면 그것을 적어보세요.

_____

● 오늘 왜 공부를 하는지, 왜 사는지, 왜 그 일을 하는지를 생각해본 적이 있으면
　나름대로 얻어낸 답을 하나라도 적어보세요.

_____

● 오늘 화가 나는 일이 있었다면 가장 화난 일을 적어보세요.

_____

● 아래 내용 중에서 오늘 내가 노력해본 것이 있으면 왼쪽에 체크 표시를 하세요.

☐ 겸손	☐ 편견을 없애려고 함	☐ 주어진 일을 마무리 함
☐ 남의 유익 생각	☐ 외모로 판단하지 않음	☐ 이해하며 귀기울여 들음
☐ 남을 감싸주려고 함	☐ 어려운 사람을 도움	☐ 다른 사람의 생각을 소중하게 여김
☐ 시기 질투하지 않으려고 함	☐ 느긋하려고 함	☐ 남의 정신적, 육체적 건강을 돌봄
☐ 남을 불쌍히 여김	☐ 꾸준함과 지속성 노력	☐ 내 장점과 단점 파악해 봄
☐ 남을 존중함	☐ 실망하지 않으려고 함	☐ 남들에게 좋은 일을 하자고 설득
☐ 비판하지 않으려고 함	☐ 잘난 체 하지 않으려 함	☐ 내가 갖고 있는 것을 남들과 나눔
☐ 남이 성장하도록 도움		

미래 저널

제 4차 산업혁명시대의 거대한 파도 속에서 빅픽처, SQ, 서번트리더십의
역량을 키워 시대의 큰 파도를 마음껏 즐길 수 있는 새 시대 서퍼(surfer)
가 양성되는 그 날까지

● 사람, 동물, 식물, 미생물, 자연, 현상에 대한 감사거리를 3가지 적어보세요.

_____

_____

_____

● 나는 누구인가요? (나는 '김철수'입니다. 나는 학생입니다. 그런 것 말고요...)

_____

● 세상에 선한 영향력을 미친 한 사람을 선정해봐요. (이름 / 선정이유)

이름: _____

선정이유: _____

● 오늘 친구나 가족과 함께 시간 가는 줄 모르는 놀이를 했으면 그것을 적어보세요.

_____

● 오늘 왜 공부를 하는지, 왜 사는지, 왜 그 일을 하는지를 생각해본 적이 있으면
  나름대로 얻어낸 답을 하나라도 적어보세요.

_____

● 오늘 화가 나는 일이 있었다면 가장 화난 일을 적어보세요.

_____

● 아래 내용 중에서 오늘 내가 노력해본 것이 있으면 왼쪽에 체크 표시를 하세요.

☐ 겸손	☐ 편견을 없애려고 함	☐ 주어진 일을 마무리 함
☐ 남의 유익 생각	☐ 외모로 판단하지 않음	☐ 이해하며 귀기울여 들음
☐ 남을 감싸주려고 함	☐ 어려운 사람을 도움	☐ 다른 사람의 생각을 소중하게 여김
☐ 시기 질투하지 않으려고 함	☐ 느긋하려고 함	☐ 남의 정신적, 육체적 건강을 돌봄
☐ 남을 불쌍히 여김	☐ 꾸준함과 지속성 노력	☐ 내 장점과 단점 파악해 봄
☐ 남을 존중함	☐ 실망하지 않으려고 함	☐ 남들에게 좋은 일을 하자고 설득
☐ 비판하지 않으려고 함	☐ 잘난 체 하지 않으려 함	☐ 내가 갖고 있는 것을 남들과 나눔
☐ 남이 성장하도록 도움		

미래 저널

Date: _____

제 4차 산업혁명시대의 거대한 파도 속에서 빅픽처, SQ, 서번트리더십의 역량을 키워 시대의 큰 파도를 마음껏 즐길 수 있는 새 시대 서퍼(surfer)가 양성되는 그 날까지

● 사람, 동물, 식물, 미생물, 자연, 현상에 대한 감사거리를 3가지 적어보세요.

_____

_____

_____

● 나는 누구인가요? (나는 '김철수'입니다. 나는 학생입니다. 그런 것 말고요...)

_____

● 세상에 선한 영향력을 미친 한 사람을 선정해봐요. (이름 / 선정이유)

이름:

선정이유:

● 오늘 친구나 가족과 함께 시간 가는 줄 모르는 놀이를 했으면 그것을 적어보세요.

_____

● 오늘 왜 공부를 하는지, 왜 사는지, 왜 그 일을 하는지를 생각해본 적이 있으면 나름대로 얻어낸 답을 하나라도 적어보세요.

_____

● 오늘 화가 나는 일이 있었다면 가장 화난 일을 적어보세요.

_____

● 아래 내용 중에서 오늘 내가 노력해본 것이 있으면 왼쪽에 체크 표시를 하세요.

☐ 겸손	☐ 편견을 없애려고 함	☐ 주어진 일을 마무리 함
☐ 남의 유익 생각	☐ 외모로 판단하지 않음	☐ 이해하며 귀기울여 들음
☐ 남을 감싸주려고 함	☐ 어려운 사람을 도움	☐ 다른 사람의 생각을 소중하게 여김
☐ 시기 질투하지 않으려고 함	☐ 느긋하려고 함	☐ 남의 정신적, 육체적 건강을 돌봄
☐ 남을 불쌍히 여김	☐ 꾸준함과 지속성 노력	☐ 내 장점과 단점 파악해 봄
☐ 남을 존중함	☐ 실망하지 않으려고 함	☐ 남들에게 좋은 일을 하자고 설득
☐ 비판하지 않으려고 함	☐ 잘난 체 하지 않으려 함	☐ 내가 갖고 있는 것을 남들과 나눔
☐ 남이 성장하도록 도움		

파트너 링커 저널
Partner Linker Journal

Date: _____

실천 내용	서번트 리더십 10가지 특성	오늘 나의 실천 내용 적어보기
겸손과 섬김	청지기 정신, 이웃의 성장에 헌신, 공동체 세우기	
남의 유익을 생각함	공감, 청지기 정신, 이웃의 성장에 헌신, 공동체 세우기	
감싸주려고 함	공감, 치유, 이웃의 성장에 헌신, 공동체 세우기	
느긋하려고 함	개념화, 미래보기	
시기 질투하지 않으려고 함	인지, 이웃의 성장에 헌신, 공동체 세우기	
잘난 체 하지 않으려고 함	-	
주어진 일을 해내려고 함	청지기 정신, 이웃의 성장에 헌신, 공동체 세우기	

조직이나 집단의 지도자나 방향에 따르려고 함	경청, 공감, 인지, 개념화, 공동체 세우기
이해하며 귀기울여 들음	경청, 공감
다른 사람의 생각을 소중하게 여김	경청, 공감, 치유, 이웃의 성장에 헌신, 공동체 세우기
세상에서 벌어지는 일에 관심	인지, 개념화, 미래보기
이웃의 정신적, 육체적 건강을 돌봄	치유
내가 갖고 있는 것을 다른 사람과 나눔	청지기 정신
사람들과 좋은 일을 함께 하도록 설득 및 권면	설득
내 장점과 단점 파악	인지

미래 저널

Date: _____

제 4차 산업혁명시대의 거대한 파도 속에서 빅픽처, SQ, 서번트리더십의
역량을 키워 시대의 큰 파도를 마음껏 즐길 수 있는 새 시대 서퍼(surfer)
가 양성되는 그 날까지

● 사람, 동물, 식물, 미생물, 자연, 현상에 대한 감사거리를 3가지 적어보세요.

_____

_____

_____

● 나는 누구인가요? (나는 '김철수'입니다. 나는 학생입니다. 그런 것 말고요...)

_____

● 세상에 선한 영향력을 미친 한 사람을 선정해봐요. (이름 / 선정이유)

이름: _____

선정이유: _____

● 오늘 친구나 가족과 함께 시간 가는 줄 모르는 놀이를 했으면 그것을 적어보세요.

_____

● 오늘 왜 공부를 하는지, 왜 사는지, 왜 그 일을 하는지를 생각해본 적이 있으면
  나름대로 얻어낸 답을 하나라도 적어보세요.

_____

● 오늘 화가 나는 일이 있었다면 가장 화난 일을 적어보세요.

_____

● 아래 내용 중에서 오늘 내가 노력해본 것이 있으면 왼쪽에 체크 표시를 하세요.

☐ 겸손	☐ 편견을 없애려고 함	☐ 주어진 일을 마무리 함
☐ 남의 유익 생각	☐ 외모로 판단하지 않음	☐ 이해하며 귀기울여 들음
☐ 남을 감싸주려고 함	☐ 어려운 사람을 도움	☐ 다른 사람의 생각을 소중하게 여김
☐ 시기 질투하지 않으려고 함	☐ 느긋하려고 함	☐ 남의 정신적, 육체적 건강을 돌봄
☐ 남을 불쌍히 여김	☐ 꾸준함과 지속성 노력	☐ 내 장점과 단점 파악해 봄
☐ 남을 존중함	☐ 실망하지 않으려고 함	☐ 남들에게 좋은 일을 하자고 설득
☐ 비판하지 않으려고 함	☐ 잘난 체 하지 않으려 함	☐ 내가 갖고 있는 것을 남들과 나눔
☐ 남이 성장하도록 도움		

미래 저널

Date: _____

제 4차 산업혁명시대의 거대한 파도 속에서 빅픽처, SQ, 서번트리더십의
역량을 키워 시대의 큰 파도를 마음껏 즐길 수 있는 새 시대 서퍼(surfer)
가 양성되는 그 날까지

● 사람, 동물, 식물, 미생물, 자연, 현상에 대한 감사거리를 3가지 적어보세요.

_____

_____

_____

● 나는 누구인가요? (나는 '김철수'입니다. 나는 학생입니다. 그런 것 말고요...)

_____

● 세상에 선한 영향력을 미친 한 사람을 선정해봐요. (이름 / 선정이유)

이름: _____

선정이유: _____

● 오늘 친구나 가족과 함께 시간 가는 줄 모르는 놀이를 했으면 그것을 적어보세요.

_____

● 오늘 왜 공부를 하는지, 왜 사는지, 왜 그 일을 하는지를 생각해본 적이 있으면
  나름대로 얻어낸 답을 하나라도 적어보세요.

_____

● 오늘 화가 나는 일이 있었다면 가장 화난 일을 적어보세요.

_____

● 아래 내용 중에서 오늘 내가 노력해본 것이 있으면 왼쪽에 체크 표시를 하세요.

☐ 겸손	☐ 편견을 없애려고 함	☐ 주어진 일을 마무리 함
☐ 남의 유익 생각	☐ 외모로 판단하지 않음	☐ 이해하며 귀기울여 들음
☐ 남을 감싸주려고 함	☐ 어려운 사람을 도움	☐ 다른 사람의 생각을 소중하게 여김
☐ 시기 질투하지 않으려고 함	☐ 느긋하려고 함	☐ 남의 정신적, 육체적 건강을 돌봄
☐ 남을 불쌍히 여김	☐ 꾸준함과 지속성 노력	☐ 내 장점과 단점 파악해 봄
☐ 남을 존중함	☐ 실망하지 않으려고 함	☐ 남들에게 좋은 일을 하자고 설득
☐ 비판하지 않으려고 함	☐ 잘난 체 하지 않으려고 함	☐ 내가 갖고 있는 것을 남들과 나눔
☐ 남이 성장하도록 도움		

미래 저널

제 4차 산업혁명시대의 거대한 파도 속에서 빅픽처, SQ, 서번트리더십의 역량을 키워 시대의 큰 파도를 마음껏 즐길 수 있는 새 시대 서퍼(surfer)가 양성되는 그 날까지

● 사람, 동물, 식물, 미생물, 자연, 현상에 대한 감사거리를 3가지 적어보세요.

_____

_____

_____

● 나는 누구인가요? (나는 '김철수'입니다. 나는 학생입니다. 그런 것 말고요...)

● 세상에 선한 영향력을 미친 한 사람을 선정해봐요. (이름 / 선정이유)

이름:

선정이유:

● 오늘 친구나 가족과 함께 시간 가는 줄 모르는 놀이를 했으면 그것을 적어보세요.

● 오늘 왜 공부를 하는지, 왜 사는지, 왜 그 일을 하는지를 생각해본 적이 있으면 나름대로 얻어낸 답을 하나라도 적어보세요.

● **오늘** 화가 나는 일이 있었다면 가장 화난 일을 적어보세요.

● 아래 내용 중에서 오늘 내가 노력해본 것이 있으면 왼쪽에 체크 표시를 하세요.

☐ 겸손	☐ 편견을 없애려고 함	☐ 주어진 일을 마무리 함
☐ 남의 유익 생각	☐ 외모로 판단하지 않음	☐ 이해하며 귀기울여 들음
☐ 남을 감싸주려고 함	☐ 어려운 사람을 도움	☐ 다른 사람의 생각을 소중하게 여김
☐ 시기 질투하지 않으려고 함	☐ 느긋하려고 함	☐ 남의 정신적, 육체적 건강을 돌봄
☐ 남을 불쌍히 여김	☐ 꾸준함과 지속성 노력	☐ 내 장점과 단점 파악해 봄
☐ 남을 존중함	☐ 실망하지 않으려고 함	☐ 남들에게 좋은 일을 하자고 설득
☐ 비판하지 않으려고 함	☐ 잘난 체 하지 않으려 함	☐ 내가 갖고 있는 것을 남들과 나눔
☐ 남이 성장하도록 도움		

미래 저널

Date: _____

제 4차 산업혁명시대의 거대한 파도 속에서 빅픽처, SQ, 서번트리더십의 역량을 키워 시대의 큰 파도를 마음껏 즐길 수 있는 새 시대 서퍼(surfer)가 양성되는 그 날까지

● 사람, 동물, 식물, 미생물, 자연, 현상에 대한 감사거리를 3가지 적어보세요.

_____

_____

_____

● 나는 누구인가요? (나는 '김철수'입니다. 나는 학생입니다. 그런 것 말고요...)

_____

● 세상에 선한 영향력을 미친 한 사람을 선정해봐요. (이름 / 선정이유)

이름: _____

선정이유: _____

● 오늘 친구나 가족과 함께 시간 가는 줄 모르는 놀이를 했으면 그것을 적어보세요.

_____

● 오늘 왜 공부를 하는지, 왜 사는지, 왜 그 일을 하는지를 생각해본 적이 있으면 나름대로 얻어낸 답을 하나라도 적어보세요.

_____

● **오늘 화가 나는 일이 있었다면 가장 화난 일을 적어보세요.**

_____

● 아래 내용 중에서 오늘 내가 노력해본 것이 있으면 왼쪽에 체크 표시를 하세요.

☐ 겸손	☐ 편견을 없애려고 함	☐ 주어진 일을 마무리 함
☐ 남의 유익 생각	☐ 외모로 판단하지 않음	☐ 이해하며 귀기울여 들음
☐ 남을 감싸주려고 함	☐ 어려운 사람을 도움	☐ 다른 사람의 생각을 소중하게 여김
☐ 시기 질투하지 않으려고 함	☐ 느긋하려고 함	☐ 남의 정신적, 육체적 건강을 돌봄
☐ 남을 불쌍히 여김	☐ 꾸준함과 지속성 노력	☐ 내 장점과 단점 파악해 봄
☐ 남을 존중함	☐ 실망하지 않으려고 함	☐ 남들에게 좋은 일을 하자고 설득
☐ 비판하지 않으려고 함	☐ 잘난 체 하지 않으려 함	☐ 내가 갖고 있는 것을 남들과 나눔
☐ 남이 성장하도록 도움		

미래 저널

Date: _____

제 4차 산업혁명시대의 거대한 파도 속에서 빅픽처, SQ, 서번트리더십의 역량을 키워 시대의 큰 파도를 마음껏 즐길 수 있는 새 시대 서퍼(surfer)가 양성되는 그 날까지

● 사람, 동물, 식물, 미생물, 자연, 현상에 대한 감사거리를 3가지 적어보세요.

_____

_____

_____

● 나는 누구인가요? (나는 '김철수'입니다. 나는 학생입니다. 그런 것 말고요...)

_____

● 세상에 선한 영향력을 미친 한 사람을 선정해봐요. (이름 / 선정이유)

이름: _____

선정이유: _____

● 오늘 친구나 가족과 함께 시간 가는 줄 모르는 놀이를 했으면 그것을 적어보세요.

_____

● 오늘 왜 공부를 하는지, 왜 사는지, 왜 그 일을 하는지를 생각해본 적이 있으면 나름대로 얻어낸 답을 하나라도 적어보세요.

_____

● 오늘 화가 나는 일이 있었다면 가장 화난 일을 적어보세요.

_____

● 아래 내용 중에서 오늘 내가 노력해본 것이 있으면 왼쪽에 체크 표시를 하세요.

☐ 겸손	☐ 편견을 없애려고 함	☐ 주어진 일을 마무리 함
☐ 남의 유익 생각	☐ 외모로 판단하지 않음	☐ 이해하며 귀기울여 들음
☐ 남을 감싸주려고 함	☐ 어려운 사람을 도움	☐ 다른 사람의 생각을 소중하게 여김
☐ 시기 질투하지 않으려고 함	☐ 느긋하려고 함	☐ 남의 정신적, 육체적 건강을 돌봄
☐ 남을 불쌍히 여김	☐ 꾸준함과 지속성 노력	☐ 내 장점과 단점 파악해 봄
☐ 남을 존중함	☐ 실망하지 않으려고 함	☐ 남들에게 좋은 일을 하자고 설득
☐ 비판하지 않으려고 함	☐ 잘난 체 하지 않으려 함	☐ 내가 갖고 있는 것을 남들과 나눔
☐ 남이 성장하도록 도움		

미래 저널

제 4차 산업혁명시대의 거대한 파도 속에서 빅픽처, SQ, 서번트리더십의
역량을 키워 시대의 큰 파도를 마음껏 즐길 수 있는 새 시대 서퍼(surfer)
가 양성되는 그 날까지

● 사람, 동물, 식물, 미생물, 자연, 현상에 대한 감사거리를 3가지 적어보세요.

_____

_____

_____

● 나는 누구인가요? (나는 '김철수'입니다. 나는 학생입니다. 그런 것 말고요...)

_____

● 세상에 선한 영향력을 미친 한 사람을 선정해봐요. (이름 / 선정이유)

이름: _____

선정이유: _____

● 오늘 친구나 가족과 함께 시간 가는 줄 모르는 놀이를 했으면 그것을 적어보세요.

_____

● 오늘 왜 공부를 하는지, 왜 사는지, 왜 그 일을 하는지를 생각해본 적이 있으면
  나름대로 얻어낸 답을 하나라도 적어보세요.

_____

● 오늘 화가 나는 일이 있었다면 가장 화난 일을 적어보세요.

_____

● 아래 내용 중에서 오늘 내가 노력해본 것이 있으면 왼쪽에 체크 표시를 하세요.

☐ 겸손	☐ 편견을 없애려고 함	☐ 주어진 일을 마무리 함
☐ 남의 유익 생각	☐ 외모로 판단하지 않음	☐ 이해하며 귀기울여 들음
☐ 남을 감싸주려고 함	☐ 어려운 사람을 도움	☐ 다른 사람의 생각을 소중하게 여김
☐ 시기 질투하지 않으려고 함	☐ 느긋하려고 함	☐ 남의 정신적, 육체적 건강을 돌봄
☐ 남을 불쌍히 여김	☐ 꾸준함과 지속성 노력	☐ 내 장점과 단점 파악해 봄
☐ 남을 존중함	☐ 실망하지 않으려고 함	☐ 남들에게 좋은 일을 하자고 설득
☐ 비판하지 않으려고 함	☐ 잘난 체 하지 않으려 함	☐ 내가 갖고 있는 것을 남들과 나눔
☐ 남이 성장하도록 도움		

미래 저널

제 4차 산업혁명시대의 거대한 파도 속에서 빅픽처, SQ, 서번트리더십의 역량을 키워 시대의 큰 파도를 마음껏 즐길 수 있는 새 시대 서퍼(surfer)가 양성되는 그 날까지

● 사람, 동물, 식물, 미생물, 자연, 현상에 대한 감사거리를 3가지 적어보세요.

_____

_____

_____

● 나는 누구인가요? (나는 '김철수'입니다. 나는 학생입니다. 그런 것 말고요...)

_____

● 세상에 선한 영향력을 미친 한 사람을 선정해봐요. (이름 / 선정이유)

이름: _____

선정이유: _____

● 오늘 친구나 가족과 함께 시간 가는 줄 모르는 놀이를 했으면 그것을 적어보세요.

_____

● 오늘 왜 공부를 하는지, 왜 사는지, 왜 그 일을 하는지를 생각해본 적이 있으면 나름대로 얻어낸 답을 하나라도 적어보세요.

_____

● 오늘 화가 나는 일이 있었다면 가장 화난 일을 적어보세요.

_____

● 아래 내용 중에서 오늘 내가 노력해본 것이 있으면 왼쪽에 체크 표시를 하세요.

☐ 겸손	☐ 편견을 없애려고 함	☐ 주어진 일을 마무리 함
☐ 남의 유익 생각	☐ 외모로 판단하지 않음	☐ 이해하며 귀기울여 들음
☐ 남을 감싸주려고 함	☐ 어려운 사람을 도움	☐ 다른 사람의 생각을 소중하게 여김
☐ 시기 질투하지 않으려고 함	☐ 느긋하려고 함	☐ 남의 정신적, 육체적 건강을 돌봄
☐ 남을 불쌍히 여김	☐ 꾸준함과 지속성 노력	☐ 내 장점과 단점 파악해 봄
☐ 남을 존중함	☐ 실망하지 않으려고 함	☐ 남들에게 좋은 일을 하자고 설득
☐ 비판하지 않으려고 함	☐ 잘난 체 하지 않으려 함	☐ 내가 갖고 있는 것을 남들과 나눔
☐ 남이 성장하도록 도움		

파트너 링커 저널

Partner Linker Journal

Date: _____

실천 내용	서번트 리더십 10가지 특성	오늘 나의 실천 내용 적어보기
겸손과 섬김	청지기 정신, 이웃의 성장에 헌신, 공동체 세우기	
남의 유익을 생각함	공감, 청지기 정신, 이웃의 성장에 헌신, 공동체 세우기	
감싸주려고 함	공감, 치유, 이웃의 성장에 헌신, 공동체 세우기	
느긋하려고 함	개념화, 미래보기	
시기 질투하지 않으려고 함	인지, 이웃의 성장에 헌신, 공동체 세우기	
잘난 체 하지 않으려고 함	-	
주어진 일을 해내려고 함	청지기 정신, 이웃의 성장에 헌신, 공동체 세우기	

조직이나 집단의 지도자나 방향에 따르려고 함	경청, 공감, 인지, 개념화, 공동체 세우기
이해하며 귀기울여 들음	경청, 공감
다른 사람의 생각을 소중하게 여김	경청, 공감, 치유, 이웃의 성장에 헌신, 공동체 세우기
세상에서 벌어지는 일에 관심	인지, 개념화, 미래보기
이웃의 정신적, 육체적 건강을 돌봄	치유
내가 갖고 있는 것을 다른 사람과 나눔	청지기 정신
사람들과 좋은 일을 함께 하도록 설득 및 권면	설득
내 장점과 단점 파악	인지

미래 저널

Date: _____

제 4차 산업혁명시대의 거대한 파도 속에서 빅픽처, SQ, 서번트리더십의 역량을 키워 시대의 큰 파도를 마음껏 즐길 수 있는 새 시대 서퍼(surfer)가 양성되는 그 날까지

● 사람, 동물, 식물, 미생물, 자연, 현상에 대한 감사거리를 3가지 적어보세요.

_____

_____

_____

● 나는 누구인가요? (나는 '김철수'입니다. 나는 학생입니다. 그런 것 말고요...)

_____

● 세상에 선한 영향력을 미친 한 사람을 선정해봐요. (이름 / 선정이유)

이름: _____

선정이유: _____

● 오늘 친구나 가족과 함께 시간 가는 줄 모르는 놀이를 했으면 그것을 적어보세요.

_____

● 오늘 왜 공부를 하는지, 왜 사는지, 왜 그 일을 하는지를 생각해본 적이 있으면 나름대로 얻어낸 답을 하나라도 적어보세요.

_____

● **오늘 화가 나는 일이 있었다면 가장 화난 일을 적어보세요.**

_____

● 아래 내용 중에서 오늘 내가 노력해본 것이 있으면 왼쪽에 체크 표시를 하세요.

☐ 겸손	☐ 편견을 없애려고 함	☐ 주어진 일을 마무리 함
☐ 남의 유익 생각	☐ 외모로 판단하지 않음	☐ 이해하며 귀기울여 들음
☐ 남을 감싸주려고 함	☐ 어려운 사람을 도움	☐ 다른 사람의 생각을 소중하게 여김
☐ 시기 질투하지 않으려고 함	☐ 느긋하려고 함	☐ 남의 정신적, 육체적 건강을 돌봄
☐ 남을 불쌍히 여김	☐ 꾸준함과 지속성 노력	☐ 내 장점과 단점 파악해 봄
☐ 남을 존중함	☐ 실망하지 않으려고 함	☐ 남들에게 좋은 일을 하자고 설득
☐ 비판하지 않으려고 함	☐ 잘난 체 하지 않으려 함	☐ 내가 갖고 있는 것을 남들과 나눔
☐ 남이 성장하도록 도움		

미래 저널

제 4차 산업혁명시대의 거대한 파도 속에서 빅픽처, SQ, 서번트리더십의
역량을 키워 시대의 큰 파도를 마음껏 즐길 수 있는 새 시대 서퍼(surfer)
가 양성되는 그 날까지

● 사람, 동물, 식물, 미생물, 자연, 현상에 대한 감사거리를 3가지 적어보세요.

_____

_____

_____

● 나는 누구인가요? (나는 '김철수'입니다. 나는 학생입니다. 그런 것 말고요...)

_____

● 세상에 선한 영향력을 미친 한 사람을 선정해봐요. (이름 / 선정이유)

이름: _____

선정이유: _____

● 오늘 친구나 가족과 함께 시간 가는 줄 모르는 놀이를 했으면 그것을 적어보세요.

_____

● 오늘 왜 공부를 하는지, 왜 사는지, 왜 그 일을 하는지를 생각해본 적이 있으면
  나름대로 얻어낸 답을 하나라도 적어보세요.

_____

● **오늘 화가 나는 일이 있었다면 가장 화난 일을 적어보세요.**

_____

● 아래 내용 중에서 오늘 내가 노력해본 것이 있으면 왼쪽에 체크 표시를 하세요.

☐ 겸손	☐ 편견을 없애려고 함	☐ 주어진 일을 마무리 함
☐ 남의 유익 생각	☐ 외모로 판단하지 않음	☐ 이해하며 귀기울여 들음
☐ 남을 감싸주려고 함	☐ 어려운 사람을 도움	☐ 다른 사람의 생각을 소중하게 여김
☐ 시기 질투하지 않으려고 함	☐ 느긋하려고 함	☐ 남의 정신적, 육체적 건강을 돌봄
☐ 남을 불쌍히 여김	☐ 꾸준함과 지속성 노력	☐ 내 장점과 단점 파악해 봄
☐ 남을 존중함	☐ 실망하지 않으려고 함	☐ 남들에게 좋은 일을 하자고 설득
☐ 비판하지 않으려고 함	☐ 잘난 체 하지 않으려 함	☐ 내가 갖고 있는 것을 남들과 나눔
☐ 남이 성장하도록 도움		

미래 저널

제 4차 산업혁명시대의 거대한 파도 속에서 빅픽처, SQ, 서번트리더십의 역량을 키워 시대의 큰 파도를 마음껏 즐길 수 있는 새 시대 서퍼(surfer)가 양성되는 그 날까지

● 사람, 동물, 식물, 미생물, 자연, 현상에 대한 감사거리를 3가지 적어보세요.

_____

_____

_____

● 나는 누구인가요? (나는 '김철수'입니다. 나는 학생입니다. 그런 것 말고요...)

_____

● 세상에 선한 영향력을 미친 한 사람을 선정해봐요. (이름 / 선정이유)

이름: _____

선정이유: _____

● 오늘 친구나 가족과 함께 시간 가는 줄 모르는 놀이를 했으면 그것을 적어보세요.

_____

● 오늘 왜 공부를 하는지, 왜 사는지, 왜 그 일을 하는지를 생각해본 적이 있으면 나름대로 얻어낸 답을 하나라도 적어보세요.

_____

● 오늘 화가 나는 일이 있었다면 가장 화난 일을 적어보세요.

_____

● 아래 내용 중에서 오늘 내가 노력해본 것이 있으면 왼쪽에 체크 표시를 하세요.

☐ 겸손	☐ 편견을 없애려고 함	☐ 주어진 일을 마무리 함
☐ 남의 유익 생각	☐ 외모로 판단하지 않음	☐ 이해하며 귀기울여 들음
☐ 남을 감싸주려고 함	☐ 어려운 사람을 도움	☐ 다른 사람의 생각을 소중하게 여김
☐ 시기 질투하지 않으려고 함	☐ 느긋하려고 함	☐ 남의 정신적, 육체적 건강을 돌봄
☐ 남을 불쌍히 여김	☐ 꾸준함과 지속성 노력	☐ 내 장점과 단점 파악해 봄
☐ 남을 존중함	☐ 실망하지 않으려고 함	☐ 남들에게 좋은 일을 하자고 설득
☐ 비판하지 않으려고 함	☐ 잘난 체 하지 않으려 함	☐ 내가 갖고 있는 것을 남들과 나눔
☐ 남이 성장하도록 도움		

미래 저널

제 4차 산업혁명시대의 거대한 파도 속에서 빅픽처, SQ, 서번트리더십의 역량을 키워 시대의 큰 파도를 마음껏 즐길 수 있는 새 시대 서퍼(surfer)가 양성되는 그 날까지

● 사람, 동물, 식물, 미생물, 자연, 현상에 대한 감사거리를 3가지 적어보세요.

_____

_____

_____

● 나는 누구인가요? (나는 '김철수'입니다. 나는 학생입니다. 그런 것 말고요...)

_____

● 세상에 선한 영향력을 미친 한 사람을 선정해봐요. (이름 / 선정이유)

이름: _____

선정이유: _____

● 오늘 친구나 가족과 함께 시간 가는 줄 모르는 놀이를 했으면 그것을 적어보세요.

_____

● 오늘 왜 공부를 하는지, 왜 사는지, 왜 그 일을 하는지를 생각해본 적이 있으면 나름대로 얻어낸 답을 하나라도 적어보세요.

_____

● 오늘 화가 나는 일이 있었다면 가장 화난 일을 적어보세요.

_____

● 아래 내용 중에서 오늘 내가 노력해본 것이 있으면 왼쪽에 체크 표시를 하세요.

☐ 겸손	☐ 편견을 없애려고 함	☐ 주어진 일을 마무리 함
☐ 남의 유익 생각	☐ 외모로 판단하지 않음	☐ 이해하며 귀기울여 들음
☐ 남을 감싸주려고 함	☐ 어려운 사람을 도움	☐ 다른 사람의 생각을 소중하게 여김
☐ 시기 질투하지 않으려고 함	☐ 느긋하려고 함	☐ 남의 정신적, 육체적 건강을 돌봄
☐ 남을 불쌍히 여김	☐ 꾸준함과 지속성 노력	☐ 내 장점과 단점 파악해 봄
☐ 남을 존중함	☐ 실망하지 않으려고 함	☐ 남들에게 좋은 일을 하자고 설득
☐ 비판하지 않으려고 함	☐ 잘난 체 하지 않으려 함	☐ 내가 갖고 있는 것을 남들과 나눔
☐ 남이 성장하도록 도움		

미래 저널

Date: _____

제 4차 산업혁명시대의 거대한 파도 속에서 빅픽처, SQ, 서번트리더십의 역량을 키워 시대의 큰 파도를 마음껏 즐길 수 있는 새 시대 서퍼(surfer) 가 양성되는 그 날까지

● 사람, 동물, 식물, 미생물, 자연, 현상에 대한 감사거리를 3가지 적어보세요.

_____

_____

_____

● 나는 누구인가요? (나는 '김철수'입니다. 나는 학생입니다. 그런 것 말고요...)

_____

● 세상에 선한 영향력을 미친 한 사람을 선정해봐요. (이름 / 선정이유)

이름:

선정이유:

● 오늘 친구나 가족과 함께 시간 가는 줄 모르는 놀이를 했으면 그것을 적어보세요.

_____

● 오늘 왜 공부를 하는지, 왜 사는지, 왜 그 일을 하는지를 생각해본 적이 있으면 나름대로 얻어낸 답을 하나라도 적어보세요.

_____

● **오늘** 화가 나는 일이 있었다면 가장 화난 일을 적어보세요.

_____

● 아래 내용 중에서 오늘 내가 노력해본 것이 있으면 왼쪽에 체크 표시를 하세요.

☐ 겸손	☐ 편견을 없애려고 함	☐ 주어진 일을 마무리 함
☐ **남의 유익 생각**	☐ **외모로 판단하지 않음**	☐ 이해하며 귀기울여 들음
☐ 남을 감싸주려고 함	☐ 어려운 사람을 도움	☐ 다른 사람의 생각을 소중하게 여김
☐ **시기 질투하지 않으려고 함**	☐ **느긋하려고 함**	☐ **남의 정신적, 육체적 건강을 돌봄**
☐ 남을 불쌍히 여김	☐ 꾸준함과 지속성 노력	☐ 내 장점과 단점 파악해 봄
☐ **남을 존중함**	☐ **실망하지 않으려고 함**	☐ **남들에게 좋은 일을 하자고 설득**
☐ 비판하지 않으려고 함	☐ 잘난 체 하지 않으려 함	☐ 내가 갖고 있는 것을 남들과 나눔
☐ **남이 성장하도록 도움**		

미래 저널

Date: _____

제 4차 산업혁명시대의 거대한 파도 속에서 빅픽처, SQ, 서번트리더십의 역량을 키워 시대의 큰 파도를 마음껏 즐길 수 있는 새 시대 서퍼(surfer)가 양성되는 그 날까지

● 사람, 동물, 식물, 미생물, 자연, 현상에 대한 감사거리를 3가지 적어보세요.

_____

_____

_____

● 나는 누구인가요? (나는 '김철수'입니다. 나는 학생입니다. 그런 것 말고요...)

_____

● 세상에 선한 영향력을 미친 한 사람을 선정해봐요. (이름 / 선정이유)

이름: _____

선정이유: _____

● 오늘 친구나 가족과 함께 시간 가는 줄 모르는 놀이를 했으면 그것을 적어보세요.

_____

● 오늘 왜 공부를 하는지, 왜 사는지, 왜 그 일을 하는지를 생각해본 적이 있으면 나름대로 얻어낸 답을 하나라도 적어보세요.

_____

● **오늘** 화가 나는 일이 있었다면 가장 화난 일을 적어보세요.

_____

● 아래 내용 중에서 오늘 내가 노력해본 것이 있으면 왼쪽에 체크 표시를 하세요.

☐ 겸손	☐ 편견을 없애려고 함	☐ 주어진 일을 마무리 함
☐ 남의 유익 생각	☐ 외모로 판단하지 않음	☐ 이해하며 귀기울여 들음
☐ 남을 감싸주려고 함	☐ 어려운 사람을 도움	☐ 다른 사람의 생각을 소중하게 여김
☐ 시기 질투하지 않으려고 함	☐ 느긋하려고 함	☐ 남의 정신적, 육체적 건강을 돌봄
☐ 남을 불쌍히 여김	☐ 꾸준함과 지속성 노력	☐ 내 장점과 단점 파악해 봄
☐ 남을 존중함	☐ 실망하지 않으려고 함	☐ 남들에게 좋은 일을 하자고 설득
☐ 비판하지 않으려고 함	☐ 잘난 체 하지 않으려 함	☐ 내가 갖고 있는 것을 남들과 나눔
☐ 남이 성장하도록 도움		

미래 저널

제 4차 산업혁명시대의 거대한 파도 속에서 빅픽처, SQ, 서번트리더십의
역량을 키워 시대의 큰 파도를 마음껏 즐길 수 있는 새 시대 서퍼(surfer)
가 양성되는 그 날까지

● 사람, 동물, 식물, 미생물, 자연, 현상에 대한 감사거리를 3가지 적어보세요.

_____

_____

_____

● 나는 누구인가요? (나는 '김철수'입니다. 나는 학생입니다. 그런 것 말고요...)

_____

● 세상에 선한 영향력을 미친 한 사람을 선정해봐요. (이름 / 선정이유)

이름: _____

선정이유: _____

● 오늘 친구나 가족과 함께 시간 가는 줄 모르는 놀이를 했으면 그것을 적어보세요.

_____

● 오늘 왜 공부를 하는지, 왜 사는지, 왜 그 일을 하는지를 생각해본 적이 있으면
   나름대로 얻어낸 답을 하나라도 적어보세요.

_____

● **오늘** 화가 나는 일이 있었다면 가장 화난 일을 적어보세요.

_____

● 아래 내용 중에서 오늘 내가 노력해본 것이 있으면 왼쪽에 체크 표시를 하세요.

☐ 겸손	☐ 편견을 없애려고 함	☐ 주어진 일을 마무리 함
☐ 남의 유익 생각	☐ 외모로 판단하지 않음	☐ 이해하며 귀기울여 들음
☐ 남을 감싸주려고 함	☐ 어려운 사람을 도움	☐ 다른 사람의 생각을 소중하게 여김
☐ 시기 질투하지 않으려고 함	☐ 느긋하려고 함	☐ 남의 정신적, 육체적 건강을 돌봄
☐ 남을 불쌍히 여김	☐ 꾸준함과 지속성 노력	☐ 내 장점과 단점 파악해 봄
☐ 남을 존중함	☐ 실망하지 않으려고 함	☐ 남들에게 좋은 일을 하자고 설득
☐ 비판하지 않으려고 함	☐ 잘난 체 하지 않으려 함	☐ 내가 갖고 있는 것을 남들과 나눔
☐ 남이 성장하도록 도움		

파트너 링커 저널
Partner Linker Journal

Date: _____

실천 내용	서번트 리더십 10가지 특성	오늘 나의 실천 내용 적어보기
겸손과 섬김	청지기 정신, 이웃의 성장에 헌신, 공동체 세우기	
남의 유익을 생각함	공감, 청지기 정신, 이웃의 성장에 헌신, 공동체 세우기	
감싸주려고 함	공감, 치유, 이웃의 성장에 헌신, 공동체 세우기	
느긋하려고 함	개념화, 미래보기	
시기 질투하지 않으려고 함	인지, 이웃의 성장에 헌신, 공동체 세우기	
잘난 체 하지 않으려고 함	-	
주어진 일을 해내려고 함	청지기 정신, 이웃의 성장에 헌신, 공동체 세우기	

조직이나 집단의 지도자나 방향에 따르려고 함	경청, 공감, 인지, 개념화, 공동체 세우기
이해하며 귀기울여 들음	경청, 공감
다른 사람의 생각을 소중하게 여김	경청, 공감, 치유, 이웃의 성장에 헌신, 공동체 세우기
세상에서 벌어지는 일에 관심	인지, 개념화, 미래보기
이웃의 정신적, 육체적 건강을 돌봄	치유
내가 갖고 있는 것을 다른 사람과 나눔	청지기 정신
사람들과 좋은 일을 함께 하도록 설득 및 권면	설득
내 장점과 단점 파악	인지

미래 저널

Date: _____

제 4차 산업혁명시대의 거대한 파도 속에서 빅픽처, SQ, 서번트리더십의 역량을 키워 시대의 큰 파도를 마음껏 즐길 수 있는 새 시대 서퍼(surfer)가 양성되는 그 날까지

● 사람, 동물, 식물, 미생물, 자연, 현상에 대한 감사거리를 3가지 적어보세요.

_____

_____

_____

● 나는 누구인가요? (나는 '김철수'입니다. 나는 학생입니다. 그런 것 말고요...)

_____

● 세상에 선한 영향력을 미친 한 사람을 선정해봐요. (이름 / 선정이유)

이름: _____

선정이유: _____

● 오늘 친구나 가족과 함께 시간 가는 줄 모르는 놀이를 했으면 그것을 적어보세요.

_____

● 오늘 왜 공부를 하는지, 왜 사는지, 왜 그 일을 하는지를 생각해본 적이 있으면 나름대로 얻어낸 답을 하나라도 적어보세요.

_____

● **오늘 화가 나는 일이 있었다면 가장 화난 일을 적어보세요.**

_____

● 아래 내용 중에서 오늘 내가 노력해본 것이 있으면 왼쪽에 체크 표시를 하세요.

☐ 겸손	☐ 편견을 없애려고 함	☐ 주어진 일을 마무리 함
☐ 남의 유익 생각	☐ 외모로 판단하지 않음	☐ 이해하며 귀기울여 들음
☐ 남을 감싸주려고 함	☐ 어려운 사람을 도움	☐ 다른 사람의 생각을 소중하게 여김
☐ 시기 질투하지 않으려고 함	☐ 느긋하려고 함	☐ 남의 정신적, 육체적 건강을 돌봄
☐ 남을 불쌍히 여김	☐ 꾸준함과 지속성 노력	☐ 내 장점과 단점 파악해 봄
☐ 남을 존중함	☐ 실망하지 않으려고 함	☐ 남들에게 좋은 일을 하자고 설득
☐ 비판하지 않으려고 함	☐ 잘난 체 하지 않으려 함	☐ 내가 갖고 있는 것을 남들과 나눔
☐ 남이 성장하도록 도움		

미래 저널

Date: _____

제 4차 산업혁명시대의 거대한 파도 속에서 빅픽처, SQ, 서번트리더십의
역량을 키워 시대의 큰 파도를 마음껏 즐길 수 있는 새 시대 서퍼(surfer)
가 양성되는 그 날까지

● 사람, 동물, 식물, 미생물, 자연, 현상에 대한 감사거리를 3가지 적어보세요.

_____

_____

_____

● 나는 누구인가요? (나는 '김철수'입니다. 나는 학생입니다. 그런 것 말고요...)

_____

● 세상에 선한 영향력을 미친 한 사람을 선정해봐요. (이름 / 선정이유)

이름: _____

선정이유: _____

● 오늘 친구나 가족과 함께 시간 가는 줄 모르는 놀이를 했으면 그것을 적어보세요.

_____

● 오늘 왜 공부를 하는지, 왜 사는지, 왜 그 일을 하는지를 생각해본 적이 있으면
  나름대로 얻어낸 답을 하나라도 적어보세요.

_____

● 오늘 화가 나는 일이 있었다면 가장 화난 일을 적어보세요.

_____

● 아래 내용 중에서 오늘 내가 노력해본 것이 있으면 왼쪽에 체크 표시를 하세요.

☐ 겸손	☐ 편견을 없애려고 함	☐ 주어진 일을 마무리 함
☐ 남의 유익 생각	☐ 외모로 판단하지 않음	☐ 이해하며 귀기울여 들음
☐ 남을 감싸주려고 함	☐ 어려운 사람을 도움	☐ 다른 사람의 생각을 소중하게 여김
☐ 시기 질투하지 않으려고 함	☐ 느긋하려고 함	☐ 남의 정신적, 육체적 건강을 돌봄
☐ 남을 불쌍히 여김	☐ 꾸준함과 지속성 노력	☐ 내 장점과 단점 파악해 봄
☐ 남을 존중함	☐ 실망하지 않으려고 함	☐ 남들에게 좋은 일을 하자고 설득
☐ 비판하지 않으려고 함	☐ 잘난 체 하지 않으려 함	☐ 내가 갖고 있는 것을 남들과 나눔
☐ 남이 성장하도록 도움		

미래 저널

제 4차 산업혁명시대의 거대한 파도 속에서 빅픽처, SQ, 서번트리더십의
역량을 키워 시대의 큰 파도를 마음껏 즐길 수 있는 새 시대 서퍼(surfer)
가 양성되는 그 날까지

● 사람, 동물, 식물, 미생물, 자연, 현상에 대한 감사거리를 3가지 적어보세요.

_____

_____

_____

● 나는 누구인가요? (나는 '김철수'입니다. 나는 학생입니다. 그런 것 말고요...)

_____

● 세상에 선한 영향력을 미친 한 사람을 선정해봐요. (이름 / 선정이유)

이름:

선정이유:

● 오늘 친구나 가족과 함께 시간 가는 줄 모르는 놀이를 했으면 그것을 적어보세요.

_____

● 오늘 왜 공부를 하는지, 왜 사는지, 왜 그 일을 하는지를 생각해본 적이 있으면
  나름대로 얻어낸 답을 하나라도 적어보세요.

_____

● **오늘 화가 나는 일이 있었다면 가장 화난 일을 적어보세요.**

_____

● 아래 내용 중에서 오늘 내가 노력해본 것이 있으면 왼쪽에 체크 표시를 하세요.

☐ 겸손	☐ 편견을 없애려고 함	☐ 주어진 일을 마무리 함
☐ **남의 유익 생각**	☐ **외모로 판단하지 않음**	☐ **이해하며 귀기울여 들음**
☐ 남을 감싸주려고 함	☐ 어려운 사람을 도움	☐ 다른 사람의 생각을 소중하게 여김
☐ **시기 질투하지 않으려고 함**	☐ **느긋하려고 함**	☐ **남의 정신적, 육체적 건강을 돌봄**
☐ 남을 불쌍히 여김	☐ 꾸준함과 지속성 노력	☐ 내 장점과 단점 파악해 봄
☐ **남을 존중함**	☐ **실망하지 않으려고 함**	☐ **남들에게 좋은 일을 하자고 설득**
☐ 비판하지 않으려고 함	☐ 잘난 체 하지 않으려 함	☐ 내가 갖고 있는 것을 남들과 나눔
☐ **남이 성장하도록 도움**		

미래 저널

Date: _____

제 4차 산업혁명시대의 거대한 파도 속에서 빅픽처, SQ, 서번트리더십의 역량을 키워 시대의 큰 파도를 마음껏 즐길 수 있는 새 시대 서퍼(surfer)가 양성되는 그 날까지

● 사람, 동물, 식물, 미생물, 자연, 현상에 대한 감사거리를 3가지 적어보세요.

_____

_____

_____

● 나는 누구인가요? (나는 '김철수'입니다. 나는 학생입니다. 그런 것 말고요...)

_____

● 세상에 선한 영향력을 미친 한 사람을 선정해봐요. (이름 / 선정이유)

이름:

선정이유:

● 오늘 친구나 가족과 함께 시간 가는 줄 모르는 놀이를 했으면 그것을 적어보세요.

_____

● 오늘 왜 공부를 하는지, 왜 사는지, 왜 그 일을 하는지를 생각해본 적이 있으면
  나름대로 얻어낸 답을 하나라도 적어보세요.

_____

● **오늘 화가 나는 일이 있었다면** 가장 화난 일을 적어보세요.

_____

● 아래 내용 중에서 오늘 내가 노력해본 것이 있으면 왼쪽에 체크 표시를 하세요.

☐ 겸손	☐ 편견을 없애려고 함	☐ 주어진 일을 마무리 함
☐ 남의 유익 생각	☐ 외모로 판단하지 않음	☐ 이해하며 귀기울여 들음
☐ 남을 감싸주려고 함	☐ 어려운 사람을 도움	☐ 다른 사람의 생각을 소중하게 여김
☐ 시기 질투하지 않으려고 함	☐ 느긋하려고 함	☐ 남의 정신적, 육체적 건강을 돌봄
☐ 남을 불쌍히 여김	☐ 꾸준함과 지속성 노력	☐ 내 장점과 단점 파악해 봄
☐ 남을 존중함	☐ 실망하지 않으려고 함	☐ 남들에게 좋은 일을 하자고 설득
☐ 비판하지 않으려고 함	☐ 잘난 체 하지 않으려 함	☐ 내가 갖고 있는 것을 남들과 나눔
☐ 남이 성장하도록 도움		

미래 저널

Date: _____

제 4차 산업혁명시대의 거대한 파도 속에서 빅픽처, SQ, 서번트리더십의 역량을 키워 시대의 큰 파도를 마음껏 즐길 수 있는 새 시대 서퍼(surfer)가 양성되는 그 날까지

● 사람, 동물, 식물, 미생물, 자연, 현상에 대한 감사거리를 3가지 적어보세요.

_____

_____

_____

● 나는 누구인가요? (나는 '김철수'입니다. 나는 학생입니다. 그런 것 말고요...)

_____

● 세상에 선한 영향력을 미친 한 사람을 선정해봐요. (이름 / 선정이유)

이름: _____

선정이유: _____

● 오늘 친구나 가족과 함께 시간 가는 줄 모르는 놀이를 했으면 그것을 적어보세요.

_____

● 오늘 왜 공부를 하는지, 왜 사는지, 왜 그 일을 하는지를 생각해본 적이 있으면 나름대로 얻어낸 답을 하나라도 적어보세요.

_____

● **오늘 화가 나는 일이 있었다면 가장 화난 일을 적어보세요.**

_____

● 아래 내용 중에서 오늘 내가 노력해본 것이 있으면 왼쪽에 체크 표시를 하세요.

☐ 겸손	☐ 편견을 없애려고 함	☐ 주어진 일을 마무리 함
☐ 남의 유익 생각	☐ 외모로 판단하지 않음	☐ 이해하며 귀기울여 들음
☐ 남을 감싸주려고 함	☐ 어려운 사람을 도움	☐ 다른 사람의 생각을 소중하게 여김
☐ 시기 질투하지 않으려고 함	☐ 느긋하려고 함	☐ 남의 정신적, 육체적 건강을 돌봄
☐ 남을 불쌍히 여김	☐ 꾸준함과 지속성 노력	☐ 내 장점과 단점 파악해 봄
☐ 남을 존중함	☐ 실망하지 않으려고 함	☐ 남들에게 좋은 일을 하자고 설득
☐ 비판하지 않으려고 함	☐ 잘난 체 하지 않으려 함	☐ 내가 갖고 있는 것을 남들과 나눔
☐ 남이 성장하도록 도움		

미래 저널

제 4차 산업혁명시대의 거대한 파도 속에서 빅픽처, SQ, 서번트리더십의
역량을 키워 시대의 큰 파도를 마음껏 즐길 수 있는 새 시대 서퍼(surfer)
가 양성되는 그 날까지

● 사람, 동물, 식물, 미생물, 자연, 현상에 대한 감사거리를 3가지 적어보세요.

_____

_____

_____

● 나는 누구인가요? (나는 '김철수'입니다. 나는 학생입니다. 그런 것 말고요...)

_____

● 세상에 선한 영향력을 미친 한 사람을 선정해봐요. (이름 / 선정이유)

이름: _____

선정이유: _____

● 오늘 친구나 가족과 함께 시간 가는 줄 모르는 놀이를 했으면 그것을 적어보세요.

_____

● 오늘 왜 공부를 하는지, 왜 사는지, 왜 그 일을 하는지를 생각해본 적이 있으면
  나름대로 얻어낸 답을 하나라도 적어보세요.

_____

● 오늘 화가 나는 일이 있었다면 가장 화난 일을 적어보세요.

_____

● 아래 내용 중에서 오늘 내가 노력해본 것이 있으면 왼쪽에 체크 표시를 하세요.

☐ 겸손	☐ 편견을 없애려고 함	☐ 주어진 일을 마무리 함
☐ 남의 유익 생각	☐ 외모로 판단하지 않음	☐ 이해하며 귀기울여 들음
☐ 남을 감싸주려고 함	☐ 어려운 사람을 도움	☐ 다른 사람의 생각을 소중하게 여김
☐ 시기 질투하지 않으려고 함	☐ 느긋하려고 함	☐ 남의 정신적, 육체적 건강을 돌봄
☐ 남을 불쌍히 여김	☐ 꾸준함과 지속성 노력	☐ 내 장점과 단점 파악해 봄
☐ 남을 존중함	☐ 실망하지 않으려고 함	☐ 남들에게 좋은 일을 하자고 설득
☐ 비판하지 않으려고 함	☐ 잘난 체 하지 않으려 함	☐ 내가 갖고 있는 것을 남들과 나눔
☐ 남이 성장하도록 도움		

미래 저널 Date: _____

제 4차 산업혁명시대의 거대한 파도 속에서 빅픽처, SQ, 서번트리더십의
역량을 키워 시대의 큰 파도를 마음껏 즐길 수 있는 새 시대 서퍼(surfer)
가 양성되는 그 날까지

● 사람, 동물, 식물, 미생물, 자연, 현상에 대한 감사거리를 3가지 적어보세요.

_____

_____

_____

● 나는 누구인가요? (나는 '김철수'입니다. 나는 학생입니다. 그런 것 말고요...)

_____

● 세상에 선한 영향력을 미친 한 사람을 선정해봐요. (이름 / 선정이유)

이름: _____

선정이유: _____

● 오늘 친구나 가족과 함께 시간 가는 줄 모르는 놀이를 했으면 그것을 적어보세요.

_____

● 오늘 왜 공부를 하는지, 왜 사는지, 왜 그 일을 하는지를 생각해본 적이 있으면
　나름대로 얻어낸 답을 하나라도 적어보세요.

_____

● 오늘 화가 나는 일이 있었다면 가장 화난 일을 적어보세요.

_____

● 아래 내용 중에서 오늘 내가 노력해본 것이 있으면 왼쪽에 체크 표시를 하세요.

☐ 겸손	☐ 편견을 없애려고 함	☐ 주어진 일을 마무리 함
☐ 남의 유익 생각	☐ 외모로 판단하지 않음	☐ 이해하며 귀기울여 들음
☐ 남을 감싸주려고 함	☐ 어려운 사람을 도움	☐ 다른 사람의 생각을 소중하게 여김
☐ 시기 질투하지 않으려고 함	☐ 느긋하려고 함	☐ 남의 정신적, 육체적 건강을 돌봄
☐ 남을 불쌍히 여김	☐ 꾸준함과 지속성 노력	☐ 내 장점과 단점 파악해 봄
☐ 남을 존중함	☐ 실망하지 않으려고 함	☐ 남들에게 좋은 일을 하자고 설득
☐ 비판하지 않으려고 함	☐ 잘난 체 하지 않으려 함	☐ 내가 갖고 있는 것을 남들과 나눔
☐ 남이 성장하도록 도움		

파트너 링커 저널

Partner Linker Journal

Date: _____

실천 내용	서번트 리더십 10가지 특성	오늘 나의 실천 내용 적어보기
겸손과 섬김	청지기 정신, 이웃의 성장에 헌신, 공동체 세우기	
남의 유익을 생각함	공감, 청지기 정신, 이웃의 성장에 헌신, 공동체 세우기	
감싸주려고 함	공감, 치유, 이웃의 성장에 헌신, 공동체 세우기	
느긋하려고 함	개념화, 미래보기	
시기 질투하지 않으려고 함	인지, 이웃의 성장에 헌신, 공동체 세우기	
잘난 체 하지 않으려고 함	-	
주어진 일을 해내려고 함	청지기 정신, 이웃의 성장에 헌신, 공동체 세우기	

조직이나 집단의 지도자나 방향에 따르려고 함	경청, 공감, 인지, 개념화, 공동체 세우기
이해하며 귀기울여 들음	경청, 공감
다른 사람의 생각을 소중하게 여김	경청, 공감, 치유, 이웃의 성장에 헌신, 공동체 세우기
세상에서 벌어지는 일에 관심	인지, 개념화, 미래보기
이웃의 정신적, 육체적 건강을 돌봄	치유
내가 갖고 있는 것을 다른 사람과 나눔	청지기 정신
사람들과 좋은 일을 함께 하도록 설득 및 권면	설득
내 장점과 단점 파악	인지

에필로그

이 책의 부제는 '포스트 코로나 시대의 리더십'이다. 어떤 학자는 2020년부터가 진짜 21세기의 시작이라고 선언하기도 했는데 바로 그 때 이 책이 세상에 모습을 보였다. '포스트 코로나' 시대에 우리는 어 떻게 살아야 할까.

코로나 19를 경험하면서 나는 미국을 집중해서 보게 되었다. 미국에 서 벌어지는 코로나 19 사망자수 급등, 인종차별 관련 사태 등을 보면 서 나는 다음과 같이 결론을 냈다: '다 같이 행복하게 잘 사는 사회를 만들지 않으면 지금 미국에서 벌어지는 일이 전 세계적으로 일어날 가능성이 크다.'

코로나 19 이후의 미국은 리더십 부재의 현상을 심각하게 겪고 있었 다. 코로나 19로 의해 10만 명 이상이 사망했고 실업자 수가 4천만 명이 넘었다. 여기에 백인 경찰의 과잉 진압으로 폭동을 염려케 하는 약탈과 시위가 140개 도시에서 일어났다. 세계 초강대국의 위기였다. 일련의 사건이 일어나서 위기가 왔다고 본 게 아니라 그 사건을 대하는 리더십의 문제를 보며 미국이 위기 속에 있음을 우리는 느꼈다.

나는 질문했다. 다른 나라들은 괜찮은가? 유럽은 괜찮은가? 한·중·일은 괜찮은가?

인공지능 시대가 본격화되면 실업률은 더 높아질 거고, 지금 이대로라면 환경은 계속 무너질 거고, 그로 인해 새로운 바이러스는 계속 창궐할 것인데 이에 안전한 나라는 하나도 없다.

새로운 바이러스가 계속 창궐하면 자본가들은 감염되지 않을 인공지능 로봇을 살 가능성이 더욱 커진다. 실업률이 급증할 것이다. 자본이 소수의 사람에게 쏠리는 건 너무나 당연한 일이다. 그리고 미국에서 벌어진 그런 유사한 사건이 발생하면 사람들은 분노하게 되고 이는 전 세계가 심각한 대혼란의 상황으로 들어갈 수 있다. 환경의 간접적 공격이 바이러스인데 환경의 직격탄을 우리는 어떻게 잘 이겨낼 수 있을까. 이대로 가면 우리는 '코로나 19는 아주 작은 규모의 공격이었구나'라고 생각하게 될지 모른다.

무엇이 필요한가. 우리는 함께 잘살아 보자는 마음을 교육하고 훈련해야 한다.

그런 마음을 교육받고 훈련한다면 인공지능이 더 많이 고용되어도 사람은 보호받을 수 있다. 바이러스가 창궐해도 서로 돕는 마음이 전달되기에 힘들면서도 버텨낼 수 있다. 그리고 자연을 함부로 훼손하지 않을 것이다. 인공지능도 함부로 다루지 않을 것이다.

대위기 앞에서 여전히 진영논리로 싸우는 리더들이 많다. 포스트 코로나 시대, 인공지능 시대, 4차산업혁명 시대는 이념이 드라이빙 포스 Driving force가 될 수 없다. 생존이 드라이빙 포스가 된다. 생존할 것인가 못할 것인가가 이슈다. United we stand라는 말이 있다. 글로벌 시민들이 연합하여 함께 서야 한다. 그게 포스트 코로나 시대의 리더십이다. <박병기>

참고문헌

- Bates, Laura. "The Trouble with Sex Robots." The New York Times, 2017.07.17.
- Berger, Peter L. A Rumor of Angels; Modern Society and the Rediscovery of the Supernatural. 1st ed. Garden City, N.Y.,: Doubleday, 1969.
- Block, Peter. Stewardship : Choosing Service over Self-Interest. Second edition, revised and expanded. ed. San Francisco: Berrett-Koehler Publishers, 2013.
- Brown, Brene (Speaker). "Listening to Shame." In TED conference. Houston: TED, 2012.
- Greenleaf, R.K. Servant Leadership [25th Anniversary Edition]: A Journey into the Nature of Legitimate Power and Greatness: Paulistpress, 2002.
- Hazelwood, Investigation Robert R and Janet I Warren. "The Relevance of Fantasy in Serial Sexual Crimes Investigation." In Practical Aspects of Rape Investigation, 95-106: CRC Press, 2008.
- Helliwell, J., R. Layard and J. Sachs. World Happiness Report 2018. New York: Sustainable Development Solutions Network, 2018.
- Maxwell, J.C. Team Maxwell 2in1 (Winning with People/17 Indisputable Laws): Thomas Nelson, 2008.
- Maxwell, J.C. How Successful People Think: Change Your Thinking, Change Your Life: Center Street, 2009.

- Nelson, A.E. Spiritual Intelligence: Discover Your SQ. Deepen Your Faith: Baker Publishing Group, 2010.
- Spears, L.C. and M. Lawrence. Focus on Leadership: Servant-Leadership for the Twenty-First Century: Wiley, 2002.
- Spears, L.C. and M. Lawrence. Practicing Servant-Leadership: Succeeding through Trust, Bravery, and Forgiveness: Wiley, 2016.
- 가오루, 고바야시. 피터 드러커 미래를 읽는 힘. 서울: 청림출판, 2001.
- 곽상아. ""나만 자존감 낮고 우울하다"며 자책하는 이들을 위한 뼈 때리는 위로." HUFFPOST, 2019.11.24.
- 글로벌SQ연구소. 이것이 SQ다. 대전광역시: 도서출판 세종문화, 2015.
- 김진호. 사이버폭력에 대한 사이버특성과 영성지능의 영향, 2015.
- 김형준. "이세돌, 이동욱 토크쇼 출연…"은퇴 결심, Ai가 결정타"." 매일경제2019.12.19
- 남형도. ""너란 녀석, 좀 멋있어."…'셀프 칭찬'을 해보았다." 머니투데이 2020.01.11.
- 류제훈. "기독교 리더십의 재구성에 관한 연구: Bolman & Deal의 네 가지 프레임 이론을 중심으로." 웨신대, 2018.
- 바잘게트, 피터. 공감 선언: Yeamoon Archive Co., Ltd, 2019.
- 박병기, 김희경, & 나미현. 미래교육 마스터키. 수원: 거꾸로미디어, 2020.
- 박병기, 김희경, & 나미현. eBPSS 마이크로칼리지와 빅데이터의 수집 및 개발: 광주시청소년수련관, 한국청소년진흥재단, 거꾸로미디어, 2020b.
- 박병준. "공감과 철학상담 -막스 셸러의 "공감" 개념을 중심으로." 철학논집 36, no. 0 (2014): 9-40.
- 브라운, 브레네. 수치심 권하는 사회: 가나출판사, 2019.

- 서스킨드, 리처드 & 대니얼 서스킨드. 제4차 산업혁명 시대 전문직의 미래. 서울: 와이즈베리, 2016.
- 셸러, 막스. 공감의 본질과 형식(지식을만드는지식 고전선집 483) (양장본 Hardcover): 지만지, 2009.
- 슈밥, 클라우스. 클라우스 슈밥의 제4차 산업혁명. 서울: 새로운 현재, 2016.
- 슈밥, 클라우스 외 26인. 4차 산업혁명의 충격. 서울: 흐름출판, 2016.
- 엠빅뉴스. ""진짜인지 가짜인지 어떻게 앎?" Ai 영상합성 기술이 무섭게 진화한다." 서울: MBC, 2019.11.14.
- 이소윤 & 이진주. 9번째 지능: 청림출판, 2018.
- 이혜진. "게임 덕분에.. 8000km 떨어진 곳에서 쓰러진 친구 구한 美여성." 파이낸셜 뉴스, 2020.01.13.
- 임남희. "행복에 이르는 10개의 계단." In MBC 스페셜 심리과학 다큐 행복: MBC, 2006.
- 전옥표. 빅픽처를 그려라. 서울: (주)비즈니스북스, 2013.
- 프랭크, 로버트 H. 실력과 노력으로 성공했다는 당신에게: 행운, 그리고 실력주의라는 신화: 글항아리, 2018.
- 케이비에스 <명견만리>제작팀. 명견만리: 우리가 준비해야 할 미래의 기회를 말하다 <윤리, 기술, 중국, 교육 편>. 서울: (주)인플루엔셜, 2016.
- 허지원. 나도 아직 나를 모른다: 홍익출판사, 2018.